명유학안 역주 明儒學案譯註

An Annotated Translation of "Records of the Ming Scholars"

【4권】

명유학안 역주 【4권】 明儒學案譯註 四
An Annotated Translation of "Records of the Ming Scholars"

—

1판 1쇄 인쇄   2024년   5월   24일
1판 1쇄 발행   2024년   6월   7일

—

저   자 ┃ 황종희黃宗羲
역주자 ┃ 강중기
발행인 ┃ 이방원
발행처 ┃ 세창출판사
　　　　　신고번호 · 제1990-000013호
　　　　　주소 · 서울 서대문구 경기대로 58 경기빌딩 602호
　　　　　전화 · 02-723-8660　팩스 · 02-720-4579
　　　　　http://www.sechangpub.co.kr ┃ e-mail: edit@sechangpub.co.kr

—

ISBN 979-11-6684-242-9 94150
　　　979-11-6684-238-2 (세트)

—

이 역주서는 2018년 대한민국 교육부와 한국연구재단의 지원을 받아 수행된 연구임.
(NRF-2018S1A5A7032306)

이 책은 한국연구재단의 지원으로 세창출판사가 출판, 유통합니다.
잘못 만들어진 책은 구입하신 서점에서 바꾸어 드립니다.

명유학안 역주 明儒學案譯註

An Annotated Translation of "Records of the Ming Scholars"

【4권】

황종희黃宗義 저

강중기 역주

세창출판사

• 명유학안 4권 차례

□ 범례 / 9

명유학안 권13, 절중왕문학안 3 明儒學案 卷十三, 浙中王門學案三 · 강중기

지부 팽산 계본 선생知府季彭山先生本 ································· 13
상서 구암 황관 선생尙書黃久菴先生綰 ······························ 42

명유학안 권14, 절중왕문학안 4 明儒學案 卷十四, 浙中王門學案四 · 강중기

포의 나석 동운 선생布衣董蘿石先生澐 ······························ 75
주사 원정 육징 선생主事陸原靜先生澄 ····························· 92
상서 약계 고응상 선생尙書顧箬溪先生應祥 ······················· 96
시랑 치재 황종명 선생侍郞黃致齋先生宗明 ······················ 100
중승 부봉 장원충 선생中丞張浮峰先生元冲 ······················ 110
시랑 송계 정문덕 선생侍郞程松溪先生文德 ······················ 113
태상 노원 서용검 선생太常徐魯源先生用檢 ······················ 118

명유학안 권15, 절중왕문학안 5 明儒學案 卷十五, 浙中王門學案五 · 강중기

도독 녹원 만표 선생都督萬鹿園先生表 ···························· 143
시랑 경소 왕종목 선생侍郞王敬所先生宗沐 ······················ 155
시독 양화 장원변 선생侍讀張陽和先生元忭 ······················ 183
교유 금산 호한 선생敎諭胡今山先生瀚 ···························· 203

□ 인명 · 개념어 · 서명/편명 색인_ 209

● 명유학안 역주 전체 차례

명유학안 1권

해제解題
서序
사설師說
명유학안 권1, 숭인학안 1明儒學案 卷一, 崇仁學案一
명유학안 권2, 숭인학안 2明儒學案 卷二, 崇仁學案二
명유학안 권3, 숭인학안 3明儒學案 卷三, 崇仁學案三
명유학안 권4, 숭인학안 4明儒學案 卷四, 崇仁學案四

명유학안 2권

명유학안 권5, 백사학안 상明儒學案 卷五, 白沙學案上
명유학안 권6, 백사학안 하明儒學案 卷六, 白沙學案下
명유학안 권7, 하동학안 상明儒學案 卷七, 河東學案上
명유학안 권8, 하동학안 하明儒學案 卷八, 河東學案下
명유학안 권9, 삼원학안明儒學案 卷九, 三原學案

명유학안 3권

명유학안 권10, 요강학안明儒學案 卷十, 姚江學案
명유학안 권11, 절중왕문학안 1明儒學案 卷十一, 浙中
  王門學案 一
명유학안 권12, 절중왕문학안 2明儒學案 卷十二, 浙中
  王門學案 二

명유학안 4권

명유학안 권13, 절중왕문학안 3明儒學案 卷十三, 浙中
  王門學案 三
명유학안 권14, 절중왕문학안 4明儒學案 卷十四, 浙中
  王門學案 四
명유학안 권15, 절중왕문학안 5明儒學案 卷十五, 浙中
  王門學案 五

명유학안 5권

명유학안 권16, 강우왕문학안 1明儒學案 卷十六, 江右
  王門學案 一
명유학안 권17, 강우왕문학안 2明儒學案 卷十七, 江右
  王門學案 二
명유학안 권18, 강우왕문학안 3明儒學案 卷十八, 江右
  王門學案 三
명유학안 권19, 강우왕문학안 4明儒學案 卷十九, 江右
  王門學案 四

명유학안 6권

명유학안 권20, 강우왕문학안 5明儒學案 卷二十, 江右
  王門學案 五
명유학안 권21, 강우왕문학안 6明儒學案 卷二十一, 江
  右王門學案 六
명유학안 권22, 강우왕문학안 7明儒學案 卷二十二, 江
  右王門學案 七
명유학안 권23, 강우왕문학안 8明儒學案 卷二十三, 江
  右王門學案 八
명유학안 권24, 강우왕문학안 9明儒學案 卷二十四, 江
  右王門學案 九

명유학안 7권

명유학안 권25, 남중왕문학안 1明儒學案 卷二十五, 南中王門學案 一

명유학안 권26, 남중왕문학안 2明儒學案 卷二十六, 南中王門學案 二

명유학안 권27, 남중왕문학안 3明儒學案 卷二十七, 南中王門學案 三

명유학안 권28, 초중왕문학안明儒學案 卷二十八, 楚中王門學案

명유학안 권29, 북방왕문학안明儒學案 卷二十九, 北方王門學案

명유학안 권30, 월민왕문학안明儒學案 卷三十, 粤閩王門學案

명유학안 권31, 지수학안明儒學案 卷三十一, 止修學案

명유학안 8권

명유학안 권32, 태주학안 1明儒學案 卷三十二, 泰州學案 一

명유학안 권33, 태주학안 2明儒學案 卷三十三, 泰州學案 二

명유학안 권34, 태주학안 3明儒學案 卷三十四, 泰州學案 三

명유학안 9권

명유학안 권35, 태주학안 4明儒學案 卷三十五, 泰州學案 四

명유학안 권36, 태주학안 5明儒學案 卷三十六, 泰州學案 五

명유학안 10권

명유학안 권37, 감천학안 1明儒學案 卷三十七, 甘泉學案 一

명유학안 권38, 감천학안 2明儒學案 卷三十八, 甘泉學案 二

명유학안 권39, 감천학안 3明儒學案 卷三十九, 甘泉學案 三

명유학안 11권

명유학안 권40, 감천학안 4明儒學案 卷四十, 甘泉學案 四

명유학안 권41, 감천학안 5明儒學案 卷四十一, 甘泉學案 五

명유학안 권42, 감천학안 6明儒學案 卷四十二, 甘泉學案 六

명유학안 12권

명유학안 권43, 제유학안 상1明儒學案 卷四十三, 諸儒學案上一

명유학안 권44, 제유학안 상2明儒學案 卷四十四, 諸儒學案上二

명유학안 권45, 제유학안 상3明儒學案 卷四十五, 諸儒學案上三

명유학안 권46, 제유학안 상4明儒學案 卷四十六, 諸儒學案上四

명유학안 13권

명유학안 권47, 제유학안 중1明儒學案 卷四十七, 諸儒
學案 中一

명유학안 권48, 제유학안 중2明儒學案 卷四十八, 諸儒
學案 中二

명유학안 권49, 제유학안 중3明儒學案 卷四十九, 諸儒
學案 中三

명유학안 14권

명유학안 권50, 제유학안 중4明儒學案 卷五十, 諸儒學
案 中四

명유학안 권51, 제유학안 중5明儒學案 卷五十一, 諸儒
學案 中五

명유학안 권52, 제유학안 중6明儒學案 卷五十二, 諸儒
學案 中六

명유학안 15권

명유학안 권53, 제유학안 하1明儒學案 卷五十三, 諸儒
學案 下一

명유학안 권54, 제유학안 하2明儒學案 卷五十四, 諸儒
學案 下二

명유학안 권55, 제유학안 하3明儒學案 卷五十五, 諸儒
學案 下三

명유학안 권56, 제유학안 하4明儒學案 卷五十六, 諸儒
學案 下四

명유학안 권57, 제유학안 하5明儒學案 卷五十七, 諸儒
學案 下五

명유학안 16권

명유학안 권58, 동림학안 1明儒學案 卷五十八, 東林學
案 一

명유학안 권59, 동림학안 2明儒學案 卷五十九, 東林學
案 二

명유학안 권60, 동림학안 3明儒學案 卷六十, 東林學案
三

명유학안 권61, 동림학안 4明儒學案 卷六十一, 東林學
案 四

명유학안 17권

명유학안 권62, 즙산학안明儒學案 卷六十, 蕺山學案

명유학안 부안明儒學案 附案

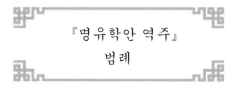

『명유학안 역주』
범례

1. 역주 저본

❶ 참고 저본: 황종희(黃宗羲) 저, 심지영(沈芝盈) 점교(點校), 『명유학안(明儒學案)』 상하(上下) 수정본(修訂本), 북경: 중화서국(中華書局), 2008.

❷ 대조본: 사고전서본 『명유학안』과 해당 개별 문집.

2. 표점과 교감

❶ 저본의 표점을 사용하고, 일부 부호를 변경하였다. 판본에 따라 글자가 다른 경우 역자의 판단에 따라 교감을 가하고 필요하다고 생각되는 경우 저본의 표점에 변경을 가하였다.

❷ 저본의 인용부호 (「」), (『』)를 (" "), (' ')으로 표기하였다.

❸ 저본의 종지부호 (.)를 (.)로 표기하였다.

❹ 저본의 책명부호 (『』)를 (『』)와 (「」)로 표기하였다.

❺ 저본에서 작은 글자로 표기한 황종희의 원주는 원문과 번역문에서 모두 (【 】)로 변경하였다.

3. 역주 원칙

❶ 저본의 편제에 따라 단락마다 권-단락을 숫자로 표시하였다. 예컨대 "25-7"은 "제25권 南中學案 7번째 단락"을 의미한다.

❷ 저본의 한 단락이 길 경우, 역자의 판단에 따라 단락을 나누고 숫자를 붙이지 않았다. 따라서 숫자 표기가 없는 단락은 앞의 숫자 표기 단락의 한 부분임을 의미한다.

❸ 유종주(劉宗周)의 평어는 번역문에서 '[유종주평어]'의 표제어를 부가하였다.

명유학안 권13,
절중왕문학안3

明儒學案 卷十三,
浙中王門學案 三

지부 팽산 계본 선생

知府季彭山先生本

|13-1| 계본의 자字는 명덕明德이고, 호號는 팽산彭山으로, 월越 지역 회계會稽[1] 사람이다. 정덕正德 12년(1517) 진사가 되어 건녕부建寧府[2] 추관推官을 제수받았다. 주신호(朱宸濠, 1479-1521)가 반란을 일으키자, 선생은 분수관分水關[3]을 지켜 반군이 복건성으로 들어오는 길을 막았다. 어사가 과거시험장의 일을 맡기려 궁궐로 불렀으나, 선생은 "이런 것을 일러 일을 알지 못한다고 한다."라고 하면서 초빙에 응하지

|13-1| 季本字明德, 號彭山, 越之會稽人. 正德十二年進士, 授建寧府推官. 宸濠反, 先生守分水關, 遏其入閩之路. 御史以科場事檄之入闈, 先生曰: "是之謂不知務." 不

---

1 월(越): 절강성(浙江省) 혹은 절강성의 동부 지역을 가리킨다. 회계(會稽)는 오늘날 절강성 소흥이다.
2 건녕부(建寧府): 복건성(福建省) 북부에 있다. 남송 고종 소흥(紹興) 32년(1162)에 주(州)로 승격되었다. 원 세조 지원(至元) 원년(1264)에 강절행중서성(江浙行中書省) 항주(杭州)에 예속되었다가, 명 태조 홍무(洪武) 원년(1368)에 건녕부로 회복되었다.
3 분수관(分水關): 절강성(浙江省) 태순현(泰順縣)과 창남현(蒼南縣) 및 복건성(福建省) 복정시(福鼎市)가 만나는 곳에 있는데, 오대(五代)에 복건 지역의 안전을 확보하고 오월(吳越)을 제어하기 위해 건립되었다. '閩東北門戶'로 불렸으며, 봉건할거시대에 군사 요충지였다.

않았다. 어사에 임명되었다. 어사 마명형馬明衡과 주제朱澗가 소성황태후 효종후와 다투었다. 만수절(황제의 생일)[4]이었으므로 흥국태후의 손에 죽는 것은 옳지 않다고 하여 하옥시켰다. 선생이 구하려 하다가 게양주부로 좌천되었다. 조금 후에 익양지부로 전직되었다. 계악桂蕚이 재상이 되어 익양을 지날 때 선생이 문성(왕수인)의 공은 민멸할 수 없다고 말하여 마침내 삭탈관직되었다. 소주동지로 전직되었다가, 남경예부낭중으로 승진하였다. 당시 추동곽의 관직이 주객[5]이었는데 모여서 강학하였다. 추동곽이 쫓겨나자 선생도 연좌되어 진주판관으로 좌천되었다. 머지않아 길안동지가 되었다가 장사지부로 승진하였는데, 권력자에 대한 공격이 지나쳐서 파직되어 고향으로 돌아갔다. 가정 42년(1563)에 죽었는데, 향년 79세였다.

▎13-2▎ 어려서 왕사여[6][이름은 문원(文轅)이다.]

應聘. 召拜御史. 御史馬明衡・朱澗爭昭聖皇太后孝宗后. 壽節, 不宜殺於興國太后, 下獄. 先生救之, 謫揭陽主簿. 稍遷知弋陽. 桂蕚入相, 道弋陽, 先生言文成之功不可泯, 遂寢奪爵. 轉蘇州同知, 陞南京禮部郎中. 時鄒東廓官主客, 相聚講學, 東廓被黜, 連及先生, 謫判辰州. 尋同知吉安. 陞長沙知府, 鋤擊豪強過當, 乃罷歸. 嘉靖四十二年卒, 年七十九.

▎13-2▎ 少師王司

---

4 만수절(萬壽節): 명청시대에는 황제의 생일을 '만수절(萬壽節)', 황후의 생일을 '천추절(千秋節)'이라 불렀다.

5 주객(主客): 명대에 예부 소속으로 여러 번진의 조공을 관리하고 급사의 접대 등을 담당했던 관직명이다.

6 왕문원(王文轅): 생종연도 미상이나, 왕수인과 동시대 사람이다. 자는 사여(司輿)이다. 『王文成公年譜』에는 '思興'로 되어 있고, 黃綰의 『陽明先生行狀』에는 '思裕'로 되어 있다. 호는 황여자(黃轝子)이다. 절강선 산음(山陰) 사람이다. 왕수인과 막역한 사

에게서 배우고, 후에 왕양명을 스승으로 섬겼다. 선생의 학은 주재主宰를 귀하게 여기고 저절로 그러함(自然)을 싫어하여, "리理란 양의 주재로서 건도이고, 기氣는 음의 유행으로서 곤도이다. 유행하면 나아가서 돌아오지 않으니, 안에 주재가 없으면 동정이 모두 법도를 잃게 된다."고 여겼다. 그 논의가 대체로 이것을 중심으로 삼았다. 무릇 큰 변화는 단지 이 일기一氣일 뿐이니, 기가 올라가면 양이 되고 기가 내려오면 음이 되며, 나아가 굴신왕래와 생사귀신에 이르기까지 모두 두 가지 기가 없다. 그러므로 음양이 모두 기이며, 그것이 올라가면 반드시 내려가고 내려가면 반드시 올라가서, 비록 길고 짧고 들쭉날쭉하여 가지런하지 않으며 과불급의 다름이 있지만 결국에는 반드시 하나로 귀결되니, 이것이 바로 리理이다. 이제 리理를 양에 귀속시키고 기氣를 음에 귀속시켜서 한 번 리가 되고 한 번 기가 되는 것이 도라고 말하면 되겠는가? 선생이 리기理氣에 대해 말한 것은 명확한 이해를 가지고 살펴서 상고하여 얻은 것이 아니어서 말이 끝내 모호하였다.

興, 名文轅. 其後師事陽明. 先生之學, 貴主宰而惡自然, 以爲"理者陽之主宰, 乾道也; 氣者陰之流行, 坤道也. 流行則往而不返, 非有主於內, 則動靜皆失其則矣." 其議論大抵以此爲指歸. 夫大化只此一氣, 氣之升爲陽, 氣之降爲陰, 以至於屈伸往來, 生死鬼神, 皆無二氣. 故陰陽皆氣也, 其升而必降, 降而必升, 雖有參差過不及之殊, 而終必歸一, 是卽理也. 今以理屬之陽, 氣屬之陰, 將可言一理一氣之爲道乎? 先生於理氣, 非明睿

이였다. 왕수인의 사상형성과정에서 상당히 중요한 역할을 한 것으로 평가되며, 왕수인의 제자 계본(季本)의 저술 『설리회편(說理會遍)』에 「陽明之學由王司輿發端」이라는 글이 있다. 왕문원은 "隱居獨善"하고 "級類莊列"하고 "以道德重於時"한 "賢民"이라는 평가를 받는다.

|13-3| 이때 동문의 여러 사람들이 단지 유
행을 본체로 여겨 그림자를 일삼으면서 그 오
르고 내리는 것이 획일畫一에 돌아가는 것에 대
해서는 문제삼지 않았으니, 이 때문에 선생의
'주재한다'는 한마디가 학술에 관계된 것이 가
볍지 않다. 그러므로 선생의 가장 저명한 것이
『용척龍惕』이라는 책인데, "오늘날 마음을 논
하는 것은 마땅히 용으로 해야지 거울로 해서
는 안 된다. 용이란 것은 경척(警惕: 놀라고 두려
워함)으로써 변화를 주재하는 자이다. 리는 안
으로부터 나오고 거울이 비추는 것은 밖으로
부터 오므로, 주재하는 바가 없고 한결같이 저
절로 그러함에 귀결된다. 저절로 그러함은 주
재가 막힘이 없는 것이니, 어찌 이것을 우선으
로 삼은 적이 있겠는가?"라고 했다. 용계(王畿,
1498-1583)는 "학문은 마땅히 저절로 그러함을
종지로 삼아야 한다. 경척은 저절로 그러한 작
용이다. 경계하고 삼가며 염려하고 두려워함
에 추호의 힘도 가한 적이 없으니, 염려하고
두려워하는 대상이 있으면 곧 그 바름을 잃게
된다."라고 했다. 추동곽(鄒東廓, 1491-1562)은
"놀라고 두려워하여 변화하는 것과 저절로 그
러하여 변화하는 것은 그 종지가 애초에 다름
이 없었다. 놀라지 않으면 저절로 그러함을 말
하기에 부족하고, 저절로 그러함이 아니면 놀

|13-3| 弟其時同
門諸君子單以流行
爲本體, 玩弄光影,
而其升其降之歸於
畫一者無所事, 此則
先生主宰一言, 其關
係學術非輕也. 故先
生最著者爲『龍惕』
一書, 謂"今之論心
者, 當以龍而不以
鏡, 龍之爲物, 以警
惕而主變化者也.
理自內出, 鏡之照自
外來, 無所裁制, 一
歸自然. 自然是主宰
之無滯, 曷嘗以此爲
先哉?"龍溪云: "學
當以自然爲宗, 警惕
者, 自然之用, 戒愼
恐懼未嘗致纖毫之
力, 有所恐懼便不得
其正矣." 東廓云: "警
惕變化, 自然變化,
其旨初無不同者, 不
警惕不足以言自然,

라고 두려워하는 것을 말하기에 부족하다. 놀라고 두려워하면서도 저절로 그러한 것이 아니면 정체되는 데 빠지고, 저절로 그러하면서도 놀라고 두려워하는 것이 아니면 넘치는 데 빠지게 된다."라고 했다. 선생은 끝내 자기의 학설을 자신하여 동요되지 않았다.

|13-4| 선생은 학자들이 공소해서 단지 강설을 일삼는 것을 딱하게 여겼으므로 힘써 경전을 궁구하였다. 관직에서 물러난 이후 책을 지고 사찰에 머물면서 밤낮으로 추위와 더위를 가리지 않고 지속한 것이 20여 년이었다. 또한 구변九邊[7]을 탐구하고, 황하의 옛 물길을 조사하고, 해운의 옛 자취를 탐색하며, 삼대와 춘추열국의 강토 및 강물의 원천을 구별하고, 회수淮水와 사수泗水에 이르고, 제나라와 노나라 지역을 지나고, 태산에 오르고, 장강을 건너 복건에 들어간 후에 돌아왔으니, 모두가 군주에게 유용한 학문을 바치고자 함이었다. 저술로는 『역학사동易學四同』 · 『시설해이詩說解頤』 · 『춘추사고春秋私考』 · 『사서사존四書私存』 · 『설리회편說理會編』 · 『독례의도讀禮疑圖』 · 『공맹도보孔孟圖譜』 · 『묘제고의廟制考義』 · 『악률찬요樂

不自然不足以言警惕, 警惕而不自然, 其失也滯, 自然而不警惕, 其失也蕩." 先生終自信其說, 不爲所動.

13-4 先生閔學者之空疏, 祇以講說爲事, 故苦力窮經. 罷官以後, 載書寓居禪寺, 迄晝夜寒暑無間者二十餘年. 而又窮九邊, 考黃河故道, 索海運之舊跡, 別三代 · 春秋列國之疆土 · 川原, 涉淮 · 泗, 歷齊 · 魯, 登泰山, 蹟江入閩而後歸, 凡欲以爲致君有用之學. 所著有『易學四同』 · 『詩說解頤』 · 『春秋私考』 · 『四書私

---

7 구변(九邊): 구진(九鎭)이라고도 하는데, 홍치(弘治) 연간에 북부지역에 장성을 따라 건립한 9개의 군사거점이다. 遼東鎭, 薊州鎭, 宣府鎭, 大同鎭, 太原鎭, 延綏鎭, 寧夏鎭, 固原鎭, 甘肅鎭이 그것이다.

지부 팽산 계본 선생

律算要』・『율려별서律呂別書』・『시법별전蓍法別傳』등 총 120권이 있다. 『역학사동』에서는 사성四聖[8]이 모두 같으며 주희와 소옹이 복희의 『역』, 문왕・주공의 『역』, 공자의 『역』으로 나누었다고 말하여, 선생이 바로잡은 것은 옳지만 사변상점[辭變象占: 상수(象數)를 말함]을 일절 말하지 않은 것은 잘못이다. 『대전大傳』에 이르러서는, 진・한 이후 학자의 말이라고 여겨 구양수의 설을 조종으로 삼았다. 『춘추사고』는 공양전・곡량전의 의리 사례와 좌전의 사실에 대하여 공격하는 데 힘을 남기지 않았다. 『시설해이』는 자공의 위전에 현혹됨을 면치 못했으니, 가령 『정지방중定之方中』을 노풍魯風이라고 여겨, 이렇게 말하였다. "『춘추』에서 초구楚丘[9]에 성을 축조했다고 쓰고 위나라에 성을 축조했다고는 말하지 않은 것은 내사內詞로 기록하였기 때문이니 대개 노나라가 스스로 성을 축조한 것이다. 그러므로 『시경』의 '마음가짐이 성실할 뿐만 아니라 암말이 3천 필이네.'가 「경편駉篇」[10]과 절묘하게 부합하니,

存』・『說理會編』・『讀禮疑圖』・『孔孟圖譜』・『廟制考義』・『樂律篹要』・『律呂別書』・『蓍法別傳』, 總百二十卷. 『易學四同』謂四聖皆同也, 朱・邵分爲義皇之『易』, 文・周之『易』, 孔子之『易』, 先生正之, 是也. 但辭變象占, 一切不言, 則過矣. 至『大傳』則以爲秦・漢而下學者之言, 祖歐陽氏之說也. 『春秋私考』則公・穀之義例, 左氏之事實, 摧破不遺餘力. 『詩說解頤』不免惑於子貢

---

8   사성(四聖): 伏羲・文王・周公・孔子를 가리킨다.
9   초구(楚丘): 옛 지명으로, 기원전 658년 위나라가 초나라의 도움을 받아 나라를 회복했을 때 초구(楚丘)에 도읍을 정했다. 지금의 하남성(河南省) 활현(滑縣)이다.
10   「경편(駉篇)」: 『詩經』『魯頌』의 첫 번째 시이다. 말의 사육이 흥성한 상황을 빌려 노나라 회공(僖公)에 조종의 업을 계승하여 노나라를 진흥시키고 강토를 회복하고 종묘를 수리하였음을 칭송하며, 동시에 말의 번성을 빌려 노나라의 부강해짐을 칭송한 시이다.

이 때문에 『삼전三傳』·『소서小序』는 모두 믿을 만하지 않다."『시법蓍法』에서는 48개의 시책을 사용하고 2개는 비워 두어 음양의 어머니로 삼았다. 시책을 둘로 나누고 시책 한 개를 걸어 두고 네 개씩 덜어 내서 남는 것을 늑扐[11]에 돌리니, 삼변三變을 모두 똑같이 한다. 걸어 둔 하나를 제외하고, 왼쪽이 하나이면 오른쪽은 반드시 둘이고, 왼쪽이 둘이면 오른쪽은 반드시 하나이며, 왼쪽이 셋이면 오른쪽은 반드시 넷이고, 왼쪽이 넷이면 오른쪽은 반드시 하나이다. 이미 『대전大傳』이 공자의 말이 아니라고 여겼으니, 어렵지 않게 49를 48로 바꾸었다. 이것들은 모두 선생이 멋대로 괴이한 것을 좋아하였기 때문에 저지른 과오이다. 중간에 선생이 장사에서 행한 정치와 집에서 예서를 지은 것이 당시 재상에 영합하려 한 것이라고 의심한 자가 있었는데, 장양화(張陽和, 1538-1588)가 변론하였다.

之僞『傳』, 如以『定之方中』爲魯風, 謂『春秋』書城楚丘, 不言城衛, 以內詞書之, 蓋魯自城也. 故『詩』之"秉心塞淵, 騋牝三千"與『駉篇』恰合, 由是以『三傳』·『小序』皆不足信. 『蓍法』用四十八策, 虛二, 以爲陰陽之母. 分二掛一揲四歸奇, 三變皆同. 除掛一外, 左一則右必二, 左二則右必一, 左三則右必四, 左四則右必三. 既以『大傳』非孔子之言, 故不難改四十有九爲四十八耳. 此皆先生信心好異之過也. 間有疑先生長沙之政, 及家居著禮書, 將以迎合時相, 則張陽和

---

11 늑(扐): 대쪽을 왼손의 가운데 손가락과 셋째 손가락 사이에 끼는 것이다.

『설리회편』

|13-5| 리와 기는 단지 양 중의 음이 음 중의 양이, 은미한 것으로부터 드러나는 것에 이르고 유로부터 무無로 돌아가는 것에서 안다. 선대 유학자는 말했다. "음양이란 기이고, 한 번음이 되고 한 번 양이 되는 원리는 도이다." 또 말했다. "음양과 떨어지지도 않지만, 또한 음양과 뒤섞이지도 않는다." 그러므로 음양 가운데 저절로 하나의 리가 있는 듯하지만, 리는 양의 주재이고 기는 음의 포함이라는 것을 전혀 알지 못했다. 양의 때에는 주재가 밝게 드러나지만, 반드시 음이 안에서 포함한 연후에 기가 흩어지지 않는다. 음의 때에는 포함이 주밀하지만 반드시 양이 그 가운데서 주재한 연후에야 리가 어둡지 않다. 이 음 가운데 양이 있고 양 가운데 음이 있는 것이 이른바 도이다. "밤낮의 도에 달통하여 안다."고 하였으니, 이 앎은 '건이 시작을 주재한다[乾知大始]'의 '주재함'으로, 바로 주재를 뜻한다. 낮의 앎은 주재가 밖에 감응한 것으로, 분요한 경우를 당해도 한결같이 바르다. 밤의 앎은 주재가 안에 감추어져 있는 것으로, 비록 어두컴컴한 곳에 들어가도 한 번 놀라면 깨어나게 된다. 이것은 오직 음양의 덕을 화합한 자만이 할 수 있다.

『說理會編』

|13-5| 理氣只於陽中陰, 陰中陽, 從微至著, 自有歸無者見之, 先儒謂"陰陽者氣也, 所以一陰一陽者道也". 又曰: "不離乎陰陽, 而亦不雜乎陰陽." 則似陰陽之中, 自有一理也. 殊不知理者陽之主宰, 氣者陰之包含. 時乎陽也, 主宰彰焉, 然必得陰以包含於內, 而後氣不散. 時乎陰也, 包含密焉, 然必得陽以主宰於中, 而後理不昏. 此陰中有陽, 陽中有陰, 所謂道也. 通乎晝夜之道而知, 知卽乾知大始之知, 正謂主宰. 晝之知, 主宰之應於外也, 雖當紛

주재가 앎임을 알게 되면 건강乾剛이 리라는 것을 알게 된다. 리를 알면 양을 알게 되고, 양을 알면 음을 알게 된다.

|13-6| 저절로 그러하다는 것은 리理를 따르는 것을 가리킨다. 걱정하고 두려워하지(惕若)[12] 않으면 어떻게 리를 따를 수 있겠는가? 척약을 버리고 순順을 말하면, 기에 따라 움직여질 뿐이다. 그러므로 척약은 자연의 주재이다. 무릇 곤은 저절로 그러한 것이지만 건을 이어받는 것을 덕으로 삼으니, 곤을 주재하는 것은 건이다. 명은 저절로 그러한 것이지만 명을 천명天命이라 하니, 천이 명의 주인이다. 도는 저절로 그러한 것이지만 본성을 따르는 것을 도라 하니, 본성이 도의 주인이다. 화和는 저절로 그러한 것이지만, 절도에 들어맞는 것[中節]을 화라 하니, 중이 화의 주인이다. 진실로 주인이 없으면 명이니 도니 화니 하는 것들이 모두 그 법칙에서 넘어서게 되니, 어찌 따

擾而一貞自如; 夜之知，　主宰之藏乎內也，雖入杳冥而一警即覺.　此惟陰陽合德者能之.　知主宰之爲知，則知乾剛之爲理矣；　知理則知陽，知陽則知陰矣.

|13-6| 自然者，順理之名也.　理非惕若，何以能順? 舍惕若而言順，則隨氣所動耳.　故惕若者，自然之主宰也.　夫坤，自然者也，然以承乾爲德，則主乎坤者，乾也.　命，自然者也，命曰天命，則天爲命主矣.　道，自然者也，道曰率性，則性爲道主矣.　和，自然者也，　和曰中節，　則中爲和主矣.

12　척약(惕若): 『주역』 건괘(乾卦) 구삼효의 효사에 있는 말이다. "君子終日乾乾, 夕惕若, 厲无咎."

른다고 할 수 있겠는가? 그러므로 성인은 학문을 논할 때 저절로 그러한 것을 귀하게 여기지 않고 홀로 삼가는 것을 귀하게 여겼으니, 바로 한 번 저절로 그러한 데 들어가면 욕망에 휩쓸리기 쉽게 때문이다.

|13-7| 저절로 그러한 것은 유행의 추세이고, 유행의 추세는 기에 속하는 것이다. 세는 점차 엄중하게 되는데, 엄중해지면 돌이킬 수 없고 오직 리만이 돌이킬 수 있다. 그러므로 저절로 그러한 것을 말하는 자는 반드시 리로써 주재로 삼아야 한다.

|13-8| 성性과 명命은 하나로서 본래 피차의 구분이 없지만, 내가 제어하지 않으면 명의 흐름이 기에 속하여 밖으로부터 오게 된다. 내가 제어하면 성의 존재가 리에 속하여 안으로부터 나오게 된다. 성과 명은 대개 리와 기에 따라 나뉘니, 맹자의 의미가 바로 이와 같다. 리가 하나라는 것으로 말하면, 비록 이목구비의 욕망이 있지만 정이 때로 바름을 얻으니 또한 성이다. 그러나 이미 이목구비를 작동하면 명에 구애되어 몸이 항상 어둡고 막히게 되니, 이 때문에 성을 가지고 명에 대해 말하지 않는다. 그러므로 "군자는 성이라고 하지 않는다."[13]고 말한다. 기로 인해 뒤섞이는 것으로

苟無主焉, 則命也・道也・和也皆過其則, 烏得謂之順哉? 故聖人言學, 不貴自然, 而貴於愼獨, 正恐一入自然, 則易流於欲耳.

|13-7| 自然者, 流行之勢也, 流行之勢屬於氣者也. 勢以漸而重, 重則不可反矣, 惟理可以反之. 故語自然者, 必以理爲主宰可也.

|13-8| 性命一也, 本無彼此之分, 但幾不由我制者, 命之運, 則屬於氣, 而自外來者也; 由我制者, 性之存, 則屬於理, 而自內出者也. 性命, 蓋隨理氣分焉, 孟子意正如此. 由理之一者而言, 雖耳目口鼻之欲, 情或得正, 亦性也. 但旣爲耳目口鼻, 則命之

말하면, 비록 인의예지의 행실이 있다 하더라도 밝음이 혹 온전하지 못하여 또한 명이다. 그러나 이미 인의예지를 행하는 것은 성의 선함으로 본체가 항상 허령하니, 이 때문에 명을 가지고 성에 대해 말하지 않는다. 그러므로 "군자는 명이라 하지 않는다."[14]고 말한다. 이는 도리와 욕망이 서로 이기는 기미를 밝혀 사람으로 하여금 성을 다하여 명을 제어하도록 한 것이다.

하늘은 비어 있지 않다고 말하면 안 된다. 그러나 비어 있음으로써 하늘을 말하면, 비어 있음에 집착하여 기에 의지할까 염려된다. 그것이 움직이면 기화로서, 이를테면 해·달·별·물·불·흙·돌·바람·비·이슬·우뢰·새·짐승·벌레·물고기 같은 부류는 그들이 중시하는 바에 따라 지나친 것을 조절하지 못한다. 대개 비어 있음은 주재가 있음을 귀히 여기며, 주재가 있는 비어 있음은 성실함

拘也, 體常暗塞, 是不可以性言於命也, 故曰: "君子不謂性也." 由氣之雜者而言, 雖仁義禮智之行, 明或不全, 亦命也. 但旣爲仁義禮智, 則性之善也, 體常虛靈, 是不可以命言於性也, 故曰: "君子不謂命也." 此明理欲相勝之幾, 欲人盡性以制命耳.

謂天非虛, 不可. 然就以虛言天, 則恐著虛而倚於氣. 其動也, 爲氣化, 如日·月·星·辰·水·火·土·石·風·雨·露·雷·鳥·獸·蟲·魚之類, 有隨其所重而莫

---

13 "口之於味也, 目之於色也, 耳之於聲也, 鼻之於臭也, 四肢於安佚也, 性也, 有命焉, 君子不謂性也."(『孟子』「盡心下」)

14 "仁之於父子也, 義之於君臣也, 禮之於賓主也, 智之於賢者也, 聖人之於天道也, 命也, 有性焉, 君子不謂命也."(『孟子』「盡心下」)

이 그 가운데 있으니, 이것이 굳건한 덕(健德)이다. 굳건하면 비어 있음과 밝음이 감응하며 사물에 따라 곡진하게 이루어 각기 그 자리를 얻지 않음이 없게 되니, 이것이 만물의 순조로움이다. 대저 성실함은 형이상자이고, 만물은 형이하자이다. 형이하자는 형이상자에 의해 주재되므로, 기는 성에 의해 통어된다. 진실로 그 덕을 이루지 못해 굳건하지 못하면, 허공에 붙어 있는 비어 있음이 되어 만물에 주재가 없고 단지 그 왕래에 맡길 뿐이다. 형이상자가 형이하자에 떨어져 있으면, 성이 기의 명령을 받게 된다. 사람의 성과 천지의 성은 하나이므로, 음양이 조화를 이루고 풍우가 때에 맞게 되고 조수가 자연스럽고 초목이 풍성하게 되며, 오로지 굳건하므로 순조로울 수 있는 것이다. 대저 태양이 침식되고 별이 흐르며 산이 무너지고 개천이 마르며 흉년이 들고 유산이 되고 기가 순조롭지 않은 것, 이것은 강건한 덕이 주재하지 못하는 것이다. 하늘의 성이 어찌 굳세지 않겠는가? 기에 실리게 되면 하늘의 위대함도 또한 때로 온전하지 않을 뿐이다. 그러므로 비어 있음을 미워하는 것은 그 본체가 굳건하지 않기 때문이다.

節其過者矣. 蓋虛貴有主, 有主之虛, 誠存於中, 是爲健德. 健則虛明感應, 因物曲成, 無有不得其所者, 是物之順也. 夫誠, 形而上者也. 物, 形而下者也. 形而下者主於形而上者, 則氣統於性矣. 苟無以成其德, 不健則爲著空之虛, 物無所主, 任其往來而已. 形而上者墮於形而下者, 則性命於氣矣. 人之性與天地之性一也, 故陰陽和, 風雨時, 鳥獸若, 草木裕, 惟健故能順也. 若夫日蝕星流, 山崩川竭, 歲歉年凶, 胎卵殰, 氣之不順, 是健德不爲主也. 天之性, 豈有不健哉? 爲氣所乘, 則雖天之大, 亦有時而可憾

13-9 성은 볼 수 없고 생겨남으로 인해 볼 수 있으며, 인의예지는 본래 이름이 없고 드러남으로 인해 이름이 있게 된다. 정자는 "사람이 태어나면서 고요한 것 이전에 대해서는 말할 수 없다."고 했다. 이는 성의 본체가 소리도 없고 냄새도 없어서 언어로 형용할 수 없음을 말한다. 또 말하기를, "성을 말하면 이미 성이 아니다."라고 했다. 이는 사물에 감응하여 움직여 생의가 싹틈으로써 측은지심을 볼 수 있어서 인이라고 이름할 수 있고 수오지심을 볼 수 있어서 의라는 이름이 있게 됨을 말한다. 인의라는 것은 성으로 말미암아 생겨나 끊임없이 서로 이어져 선의 단서를 스스로 그만둘 수 없다. 그러므로 "잇는 것이 선이다."라고 한다. 성을 이루는 근본으로 말하면 성이다. 그러므로 "이루는 것은 성이다."라고 한다.[15]

13-10 『중용』에서 "도라는 것은 잠시라도 떠날 수 없다."라고 했다. 이곳에서 공부는 바

耳. 故所惡於虛者, 謂其體之非健也.

13-9 性不可見, 因生而可見, 仁義禮智本無名, 因見而有名. 程子曰: "人生而靜以上不容說", 謂性之本體無聲無臭, 不可以言語形容也. 又曰: "纔說性時便已不是性也", 謂感物而動, 生意滋萌, 有惻隱之心可見而其名爲仁矣, 有羞惡之心可見而其名爲義矣. 仁義者, 由性而生, 相繼不絶, 善端之不能自已者也, 故曰: "繼之者善也." 自其成善之本而言, 則性矣, 故曰: "成之者性也."

13-10 『中庸』言 "道也者, 不可須臾

---

15 "一陰一陽之謂道. 繼之者善也, 成之者性也."(『周易』「繫辭上」)

로 천명의 본체를 보는 것이다. 그러므로 '불가不可'라는 두 글자는 경계하는 말이 아니요 또한 따른다는 말도 아니다. 경계를 말한다면, 의도를 두어 괴로워하고 어려워한다는 혐의가 있게 된다. 따르는 것을 말한다면, 마음을 따르는 것이 욕망으로 흐를 염려가 있다. 대개 '불가不可'라는 것은, 마음이 편안하지 않은 곳이 도와 합일되면 편안하게 된다는 것이니, 곧 맹자가 말한 마음이 똑같이 그러한 것이다. 도를 떠나면 편안하지 않게 되니, 즉 맹자가 말한 수오지심이다. 보지 않고 듣지 않는 가운데 놀라서 계신공구하는 생각이 있게 되는데, 이것은 양지양능이 저절로 그만둘 수 없는 곳이며 하늘의 법칙이다. 그러므로 『중용』에서 말하는 학문은 오로지 천명의 성을 종지로 삼는다.

| 13-11 | 유가에서 말하는 도란 사람이 성을 따르는 것에서부터 말해서 강건으로 기화를 주재하는 것이다. 그러므로 그것이 발동하면 잡박하지 않고 지극히 정미하므로 절도에 들어맞는다고 한다. 만약 주재에 나아가서 도를 말하지 않으면 승강부침하고 저절로 가고 와서 기의 운동일 뿐이므로, 개나 소와 사람이 전혀 차이가 없게 된다. 불가와 도가의 학문은 의리가 정밀하지 못하여 기에 따라 움직이며

離也". 此處功夫, 正見天命之本體, 故 '不可'二字, 非戒之 之辭, 亦非順之之 辭, 言戒, 則著意嫌 於苦難, 言順, 則從 心恐流於慾. 蓋'不 可'者, 心之所不安 處也, 與道爲一則 安, 卽孟子心之所同 然也, 離道則不安, 卽孟子羞惡之心也. 於不覩不聞之中, 而 惕然有戒愼恐懼之 念, 此良知良能之不 能自已處, 天之則 也. 故『中庸』言學, 惟以天命之性爲宗.

| 13-11 | 聖門所謂 道者, 自人率性而 言, 以剛健而主宰乎 氣化者也, 故其發 也, 至精不雜, 謂之 中節, 若不就主宰上 說道, 則浮沈升降, 自去自來, 乃氣之動 耳, 犬牛與人全無所

오로지 저절로 그러함에 맡기면서 그것이 그 릇됨을 알지 못한다.

|13-12| 성인이 용으로써 마음을 말하고 거울을 말하지 않은 것은, 대개 마음이 밝은 거울 같다는 설은 불교에 근원하여 비춤이 밖으로부터 와서 제재하는 바가 없기 때문이다. 그런데 용은 굳세고 굳세어 쉬지 않는 성실함으로 이치가 안에서 나오고 변화가 마음에 달려 있는 것이다. 나는 이 설을 힘써 주창하는데, 동료들은 그렇지 않다고 여기는 이들이 외려 많다. 그러나 이 이치는 공자에게서 나온 것으로, 경敬에 머물며 간簡을 행하는 것이 그것이다. 경하면 두려워하며 경계하는 바가 있으니 건도이고, 간하면 저절로 그러하여 무위하게 되니 곤도이다. 그저 저절로 그러함에 맡기고 경을 주로 하지 않으면, 의지가 기를 제어하지 못하고 기에 따라 저절로 움직이게 되니, 비록 무위하더라도 또한 너무 간簡하지 않은가? 맹자는 또한 매우 분명하게 분별하였다. 상대가 나보다 나이 많으면 연장자로 대우하는 것이지 나이 많음이 나에게 있는 것이 아니며, 대상이 흰색이면 내가 희다고 여기는 것 이것은 바로 거울의 의미를 말한 것이다. 나의 경을 행하므로 안에 있다고 하는 것 이것은 용의 의미를 말한 것이다. 고자의 인내의외仁內義外 논

異. 佛老之學於義不精, 隨氣所動, 惟任自然而不知其非者矣.

|13-12| 聖人以龍言心而不言鏡, 蓋心如明鏡之說, 本於釋氏, 照自外來, 無所裁制者也. 而龍則乾乾不息之誠, 理自內出, 變化在心者也. 予力主此說, 而同輩尙多未然. 然此理發於孔子, 居敬而行簡是也. 敬則惕然有警, 乾道也; 簡則自然無爲, 坤道也. 苟任自然而不以敬爲主, 則志不帥氣, 而隨氣自動, 雖無所爲, 不亦太簡乎? 孟子又分別甚明, 彼長而我長之, 非有長於我也, 猶彼白而我白之, 從其白於外也, 此卽言鏡之義也. 行吾敬, 故謂之內

변은 바로 이것을 알지 못한 데서 말미암은 것이다.[16]

|13-13| 선대 유자들이 인식과 실천을 둘로 나눈 것은 바로 인의예지가 본래 밝음을 알지 못하여 지智를 밝음으로 여기고 인의예의 실행은 지智에 의지하여 알게 되는 것이라고 보았기 때문이다. 그래서 인의예가 각기 다른 것이 되고 지智를 이어서 일을 하면 지智가 비춘다고 하니, 의義는 밖에서 빼앗아 온 것이라는 주장의 뿌리가 여기서 생겨난다. 지智는 인仁에서 나오고 인은 예에 이르며 예는 의에 의해 제어되고 의는 지로 귀결되니, 움직이고 고요하고 나뉘고 합침으로 인해 명칭이 다를 뿐이다. 그러므로 본체의 밝음이 지智이고, 본체로 인하여 행하는 것이 인仁이다. 예와 의의 밝음은 인과 지에 속할 뿐이니, 어찌 인식과 실천이 하나로 합치되지 않는다고 하겠는가?

|13-14| 세속의 유자는 실實을 성誠으로 풀이하는 이가 많은데, 또한 의존하는 병폐가 있

也, 此卽言龍之義也. 告子仁內義外之說, 正由不知此耳.

|13-13| 先儒以知行分爲二者, 正爲不知仁義禮智之本明, 故以智爲明, 而仁義禮之行則若藉智以知者, 是以仁義禮別爲一物, 繼智用事而智則照之, 義襲之根, 生於此矣. 智發於仁, 仁達於禮, 禮裁於義, 義歸於智, 因動靜分合而異其名耳. 故本體之明, 智也, 因其本體而行焉, 仁也. 禮義之明不過屬於仁智而已, 安得謂知行之非合一哉?

|13-14| 世儒多以實訓誠, 亦有倚著之

---

16   告子가 '仁內義外'를 주장하고 맹자가 이에 대해 반박하는 논변은 『孟子』「告子上」참조.

다. 대저 인의예지의 덕이 합쳐져서 성誠이 되니, 성誠은 본디 실實하지 않음이 없다. 그러나 실을 성으로 여기면 안 된다. 인의예지는 텅 비고 밝은 가운데 존재하며, 마치 곡식 종자의 생기가 소실된 적이 없는 것과 같으니, 어찌 의존하는 바가 있겠는가? 이 덕은 비록 실하지만 그 실의 자취를 볼 수 없으므로 성이라고 말하는 것이다. 오직 '성성惺惺'(깨어 있음)이라는 글자가 절실하다. 보통 사람이 선하지 않은 것을 행하면, 본체의 영명함을 통해 저절로 깨달을 수 있다. 깨달았지만 조금 용인하여 남겨 두면 곧 스스로를 속이게 되므로, 속이면 항상 깨어 있지 못하게 된다. 그러므로 홀로 아는 곳에서 경계하고 삼가며 두려워하여 그 가운데 추호도 선하지 않음이 없게 하면, 깨어 있으면서 경敬하게 된다.

|13-15| 성인의 도는 작용에서 저절로 그러함을 구하지 않고 본체에서 공부를 한다. 그러므로 지극한 성인이라도 오히려 지치지 않고 부지런히 힘쓰니, 이것이 공부이다. 공부는 다만 보지 않고 듣지 않는 데서 하는 것이니, 보지 않고 듣지 않는 것은 대개 다른 사람들이 알지 못하는 가장 은미한 곳이다. 은미하면 보고 듣는 것으로 인해 끌려가지 않고, 돌이켜 다시 자신에게 들어온다. 자신에게 들어오는 것은 바로 그 본체의 인식이다. 그러므로 아는 것은

病. 夫仁義禮智合德而爲誠, 誠固未有不實, 但就以實爲誠則不可. 仁義禮智虛明在中, 如穀種之生機未嘗息, 何嘗有所倚著? 是德雖實, 不見其有實之迹者也, 故言誠, 惟惺惺字爲切. 凡人所爲不善, 本體之靈自然能覺. 覺而少有容留, 便屬自欺, 欺則不惺惺矣. 故戒愼恐懼於獨知之地, 不使一毫不善雜於其中, 卽是惺惺而爲敬也.

|13-15| 聖人之道, 不於用上求自然, 而於體上做工夫. 故雖至聖, 猶孜孜矗矗以自勉, 此工夫也. 工夫只在不覩不聞上做, 不覩不聞, 蓋人所不知最微之處也, 微則不爲聞見所牽, 而反復入身, 其

홀로 아는 것이니, 홀로 아는 곳에서 삼가면 천리가 그 가운데 있고 장애가 없으며 유행하는 형세가 저절로 그러하여 막히거나 정체되지 않는다. 그러므로 저절로 그러한 것은 도가 현저하게 드러난 곳에서 작용을 말한 것이다. 그러나 은미한 것에 근본하지 않으면, 이른바 현저한 것이 듣고 보는 데 달려 있어서 사물이 그 법칙을 잃으니 도를 말할 수 없다. 일반적으로 도를 말하면서 저절로 그러한 것에 중심을 두면, 천도가 힘쓰지 않아도 들어맞고 생각하지 않아도 얻는 것을 보니, 마음 가운데서 흘러나오고 인위에 의지하지 않는 듯하다. 그러나 들어맞는다고 말하면 바로 힘쓰는 것이고 얻는다고 말하면 바로 생각하는 것이니, 신독의 공부가 저절로 그러한 가운데 있다. 이른바 은미한 가운데 드러난 것을 안다는 것은 바로 이것이다. 신독을 버리고 저절로 그러함을 말하면, 저절로 그러한 것은 기화이다. 반드시 세밀하고 은미한 바를 소홀히 하여 의리의 바름에 어긋남이 있으면 불가와 도가에 들어가게 되는 것은 의심의 여지가 없다.

┃13-16┃ 잡으면 보존된다는 것은 마음을 보존하는 것이다. 진실로 기를 수 있으면 길러지지

入身者卽其本體之知也. 故知爲獨知, 獨知處知謹, 則天理中存, 無有障礙, 流行之勢自然阻遏不住. 故自然者, 道之著於顯處以言用也. 然非本於微, 則所謂顯者, 乃在聞見, 而物失其則矣, 不可以言道. 凡言道而主於自然者, 以天道之不勉而中・不思而得者觀之, 似亦由中流出, 不假人爲. 然謂之中, 則卽是勉; 謂之得, 則卽是思, 而愼獨功夫在自然中, 所謂知微之顯者, 卽此是矣. 舍愼獨而言自然, 則自然者氣化也, 必有忽於細微而恣於理義之正者, 其入於佛老無疑矣.

┃13-16┃ 操 則 存 , 存其心也. 苟得其

않는 것이 없다는 것은 그 본성을 기르는 것이다. 존양存養이라는 두 글자는 여기에 근본한다. 대저 마음은 인의仁義가 뿌리를 내리는 곳이고, 본성은 인의가 부단히 생겨나는 이치이다. 이치는 마음에 뿌리를 두므로, 마음이 보존되면 본성이 기르는 바를 얻게 되고 부단히 생성하는 기제가 그치지 않는다. 그러므로 본성을 기르는 공부는 오로지 마음을 보존하는 데 달려 있다. 마음이 외물에 이끌리면서 스스로 자각하지 못하는 것이 [마음을] 잡지 못하는 것이며, 그런 연후에 보존하지 못한다고 말할 수 있다. 자각하면 외물이 오면 살필 수 있으며, 일단 살피면 잡을 수 있다. 잡는다는 것은 이 마음을 일깨우는 것이며 이것이 바로 신독이니, 어찌 잡고 지닌다는 생각이 있겠는가? 일단 마음을 잡으면 보존되므로, 성찰 외에 존양이 없다. 성찰의 공부는 바로 위대한 근본을 세우는 것이다. 『주역』 이頤괘는 기른다는 의미를 갖고 있는데, 이괘는 진괘가 위에 있고 간괘가 아래 있어서, 움직이다가 멈추는 것이다. 마음이 욕망에 의해 움직이면 멈추지 않고, 멈추면 욕망에 의해 움직이지 않는다. 이른바 보존한다는 것이니 기르는 도리는 여기에서 다한다.

| 13-17 | 성인의 학문은 단지 신독이다. 홀로 있는 곳은 다른 사람이 보고 들을 수 없으니

養, 無物不長, 養其性也. 存養二字, 本於此. 夫心是仁義植根之處, 而性則仁義所以能生生之理也. 理根於心, 心存則性得所養, 而生生之機不息, 故養性工夫, 惟在存心. 心爲物牽, 不能自覺, 是不操也, 然後謂之不存. 自覺則物來能察, 一察卽是操. 操者, 提醒此心, 卽是愼獨, 豈有所著意操持哉! 一操心卽存矣, 故省察之外, 無存養, 而省察之功, 卽是立大本也. 在『易』之「頤」, 以養爲義, 其卦震上艮下, 動而止也. 心動於欲則不止, 止則不動於欲. 所謂存也, 養道盡於此矣.

| 13-17 | 聖人之學, 只是愼獨, 獨處人所

지부 팽산 계본 선생

가장 은미하지만, 자기가 분명하게 보는 것이 이보다 더한 것이 없다. 그러므로 홀로 있다는 것은 홀로 안다는 것이니, 대개 내가 하늘로부터 얻은 밝은 명령은 내가 스스로 아는 것이지 다른 사람이 관여할 수 있는 바가 아니다. 만약 한가할 때 허튼 생각이 일어 욕망을 따르고 감정에 맡기면, 이는 오히려 외물이 내 마음의 밝음을 가려서 삼갈 바를 모르니 밝게 드러난 것을 본다고 말할 수 없다. 조금 깨닫더라도 다시 억지로 하는 것을 용납하면 스스로를 속이게 된다. 이에 다른 사람이 보고 듣는 곳에서 선하지 않음을 숨기고 선함을 드러내면, 비록 말하고 행동하는 사이에 점검하여 하나하나 절도에 부합하고 허물을 짓는 데 이르지 않더라도 또한 작위에 속하니, 모두 자신이 아는 것을 스스로 덮어 버리는 것이다. 다른 사람이 보지 않지만 자신은 알고 있는 것을 속이는 것은 바로 열 개의 눈이 보고 열 개의 손가락이 가리키는 곳이니, 홀로 아는 것이라고 할 수 없다. 그러므로 홀로 아는 것은 근원이 뒤섞이지 않은 앎이다. 근원이 뒤섞이지 않은 앎은 마음의 작용이 비어 있고 영명하여 항상 지각하는 것이다. 뒤섞이면 외물에 붙게 되어 비록 안다 하더라고 또한 한편에 치우치게 되니, 이는 이목의 감각기관이 생각하지 않아서 외물에 가리는 것이다.

不見聞, 最爲隱微, 而己之見顯莫過於此. 故獨爲獨知, 蓋我所得於天之明命, 我自知之, 而非他人所能與者也. 若閒思妄想, 徇欲任情, 此却是外物蔽吾心之明, 不知所謹, 不可以言見顯矣. 少有覺焉, 而復容留將就, 即爲自欺. 乃於人所見聞處, 掩不善而著其善, 雖點檢於言行之間, 一一合度, 不遝有愆, 亦屬作僞, 皆爲自蔽其知也. 故欺人不見之知, 乃十目所視, 十手所指之處也, 不可以爲獨知. 然則獨知者, 其源頭不雜之知乎? 源頭不雜之知, 心之官虛靈而常覺者也. 雜則著物, 雖知亦倚於一偏, 是爲耳目之官不思而蔽於物矣.

▎13-18▎ 내가 일찍이 술을 지고서 양명 선생을 따라 감호 물가에서 노닐었는데, 마침 황관黃綰[17]도 함께했다. 남이 보지 않는 곳에서 경계하고 삼가며 듣지 않는 곳에서 두려워한다는 의미를 논하는 차제에, 선생님이 손에 있는 젓가락을 들어 나에게 보여 주면서 말했다. "보이는가?" (내가) 대답했다. "보입니다." 그리고는 젓가락을 탁자 아래 숨기고 또 물었다. "보이는가?" 대답했다. "보이지 않습니다." 선생님은 희미하게 웃었고, 나는 석룡에게 몰래 물었다. 석룡이 "이것이 항상 보고 항상 듣는다고 하는 것이다."라고 말했으나, 끝내 이해하지 못했다. 나중에 생각하고서 이해하게 되었다. 대개 보지 않는 가운데 항상 보는 것이 있으므로 보지 않는 데서 경계하며 삼갈 수 있고, 듣지 않는 가운데 항상 듣는 것이 있으므로 보지 않는 데서 두려워할 수 있다. 이는 천명이 밝게 빛나서 그치지 않는 것이다. 그러므로 마땅히 응해야 하면 응하는 것이지, 성색으로 인한 연후에 생각을 일으키는 것이 아니고,

▎13-18▎ 予嘗載酒從陽明先師遊於鑑湖之濱, 時黃石龍綰. 亦與焉. 因論戒愼不覩 · 恐懼不聞之義, 先師舉手中箸示予曰: "見否?" 對曰: "見." 既而隱箸桌下, 又問曰: "見否?" 對曰: "不見." 先師微哂, 予私問之石龍, 石龍曰: "此謂常睹常聞也." 終不解. 其後思而得之. 蓋不睹中有常睹, 故能戒愼不睹, 不聞中有常聞, 故能恐懼不聞, 此天命之於穆不已也. 故當應而應, 不因聲色而後起念;

---

17 황관(黃綰): 1477-1551. 호가 석룡(石龍)으로, 절강성 황암현(黃巖縣) 사람이다. 왕수인의 벗이자 초기에 들어온 제자 가운데 한 사람으로, 일생 양명학을 깊이 믿고 실천했다. 양수인 사후에 소를 올려 양수인의 4대 공적은 다른 사람이 미칠 수 없는 바이며, 양명학의 3대 요지는 모두 선인의 말에 근원하고 공맹의 논의에서 나왔다고 주장했다.

마땅히 응하지 않아야 하면 응하지 않는 것이지 성색을 접하더라도 감정을 잊을 수 있는 것이 아니다. 이것은 심체가 바름을 얻어서 듣고 보는 데 얽매이지 않는 연유이다.

｜13-19｜ 홀로 아는 데서 삼가는 것이 바로 치지致知이다. 신독의 노력이 그치지 않는 것이 바로 역행力行이다. 그러므로 홀로 아는 것 외에 앎이 없고, 항상 아는 것 외에 행이 없으니, 공부가 얼마나 간이한가! 양지양능은 본디 한 몸이다. 선생님이 일찍이 말했다. "양능을 아는 것이 양지이고, 양지를 할 수 있는 것이 양능이니, 이것이 지행합일의 본래 취지이다." 그러나 발단으로 말하면 명각의 기미를 위주로 하므로, "지가 행의 시작이다."라고 말한다. 극치로 말하면 유행의 형세를 위주로 하므로, "행은 지의 끝이다."라고 말한다. 비록 지와 행을 선후로 나눈 듯하지만, 지가 행의 시작이고 행이 지의 끝이므로 지가 곧 행이고 행하는 것이 바로 지이다.

｜13-20｜ 화和를 구하는 것이 바로 중中을 구하는 것이다. 중을 구하는 것은 의도를 두어 추

不當應而不應, 雖遇聲色而能忘情, 此心體之所以爲得正而不爲聞見所牽也.

｜13-19｜ 愼於獨知, 卽致知也. 愼獨之功不已, 卽力行也. 故獨知之外無知矣, 常知之外無行矣, 功夫何等簡易耶! 良知良能本一體也, 先師嘗曰: "知良能是良知, 能良知是良能, 此知行合一之本旨也." 但自發端而言, 則以明覺之幾爲主, 故曰: "知者行之始." 自致極而言, 則以流行之勢爲主, 故曰: "行者知之終." 雖若以知行分先後, 而知爲行始, 行爲知終, 則知者卽是行, 所行者卽是知也.

｜13-20｜ 求和卽是求中. 求中者, 非可

구하는 것이 아니다. 모든 기미에서 집착하는 것은 바로 불화不和이다. 지각하여 제거하면 지각은 바로 중中이 중심이 되는 곳이므로, 화에 이르는 것(致和)이 바로 중을 이루는(致中) 근거이다. 그러나 공부가 합일되지 못하면, 단지 한 가지 일의 중일 뿐이다.

|13-21| 도가 드러난 것을 문文이라고 한다. 조리가 분명하고 맥락이 관통하며 과불급이 없다는 아름다운 단어이다. 예는 천리의 절문으로, 문이 나오는 곳이다. 참으로 아름다운 것의 모임이 예와 합치하지 않으면 함부로 행하여 두서가 없게 되니, 어찌 문이 될 수 있겠는가? 그러므로 본체로 말하면, 보편적인 덕(達德)으로 보편적인 도(達道)를 행하니, 성실함으로 인해 밝아지는 것이다. 공부로 말하면, "문에 대해 널리 배우고 예로써 단속한다."라고 말하니, 밝음으로 인해 성실해지는 것이다. 본체와 공부는 애초에 두 가지 일이 아니다. 대개 도가 드러난 것이 작용이고, 공부는 본체로 귀결된다. 고로 무릇 작용을 말하는 것은 모두 움직임에 속하고, 공부를 말하는 것은 모두 고요함에 속한다. 이미 문文이라 말하면, 작용에서 드러나 보고 들을 수 있는 것이다. 학學이라 말하면 고요함에 귀결되어 보지 않는 곳에서 경계하고 삼가며 듣지 않는 곳에서 두려워하여 보고 듣는 것에 의해 움직여지는 것이

著意推求也, 凡幾上有倚著處, 卽是不和. 覺而化去, 覺卽是中爲主處, 故致和卽所以致中也. 但工夫未能合一, 則止是一事之中耳.

|13-21| 道之顯者謂之文, 條理分明, 脈絡通貫, 無過不及之美名也. 禮卽天理之節, 文之所從出也, 苟非嘉會合禮, 則妄行無序, 烏得爲文? 故自本體而言, 則以達德行達道, 誠而明也. 自工夫而言, 則曰"博學於文, 約之以禮", 明而誠也. 本體工夫初無二事, 蓋道之所顯者用也, 而工夫則歸於本體, 故凡言用者皆屬動, 言工夫者皆屬靜. 旣曰文, 則顯於用而可見可聞者也. 曰學, 則歸於靜而戒

아니다. 보고 듣는 것에 의해 움직여지면, 어지러워져서 문文이 될 수 없다. 학學 외에는 다시 이른바 예로써 단속한다는 것이 없으니, 예로써 단속하는 곳은 바로 보편적인 덕의 하나이다. 도의 본체가 이와 같으므로, 공부가 곧 본체이다.

┃13-22┃ 명덕을 밝게 하는 공부는 격물이 중요하니, 이것은 실천하는 곳이다. 대개 물을 배제하는 것으로써 덕을 말하면, 덕은 이단에 빠진다. 다만 거기서 말하는 '물物'이란 "만물이 나에게 갖추어져 있다."[18]에서의 '물'과 같으니, 대개 내 마음이 본 실리이다. 선생이 "마음이 감응한 것이 물이다."라고 한 것이 그것이다. 마음이 아직 감응하지 않을 때에는 물物이 이미 가 버렸지만, 일단 감응이 있으면 물物이 나에게 있게 된다. 물이 감촉되면 단지 그 형상을 보는데 가서 지나가고 와서 이어지는 사이에 마음에 정체되어 있지 않을 때, 물物을 리理라고 하는 것이다. 정체되어 형체를 이루면 하나의 물物이 되어, 리理라고 부를 수 없다. 『주역』에서는 "드러난 것을 상象이라 이르고,

愼不睹, 恐懼不聞, 不爲見聞所動者也. 爲見聞所動, 則紛亂而不得爲文矣. 學之外, 無復有所謂約禮, 而禮之約處, 卽是達德之一. 道之本體如是, 故工夫卽本體也.

┃13-22┃ 明明德工夫, 要於格物, 此是實踐處, 蓋外物而言德, 則德入於虛矣. 第其所謂物者, 與"萬物皆備於我"之物同, 蓋吾心所見之實理也. 先師謂"心之感應謂之物"是也. 心未感時, 物皆已往, 一有感焉, 則物在我矣. 物之所感, 但見其象, 往過來續, 不滯於心, 則物謂之理. 滯而成形,

---

18   "萬物皆備於我矣."(『孟子』「盡心上」)

형체를 이룬 것을 기器라 부른다."[19]라고 했다. 기器는 형이하를 지칭하는 말이다. 그러므로 물物과 리理의 구분은 단지 형이상과 형이하의 사이에 있다. 형체를 이룬 뒤에는 외물이 되어 나의 마음이 감응하는 것이고, 또한 이것에 순응할 따름이니, 그것에 정체되어서는 안 된다. 이것을 알면 물物이 법칙을 어기지 않게 되어 격格이라 부르는 것이다.

| 13-23 | 잘못은 천리에서 흘러나와 형세에 따라 저절로 그러한 가운데 절제하는 곳이 없는 것으로, 형세가 무거우면 치우침이 심하여 파당이 된다. 그래서 말하기를, "사람의 잘못은 그 파당에 따라 제각각이다."[20]라고 한다. 그러나 사람의 양지는 반드시 자각할 수 있는데, 자각한 곳에서 조금이라도 작위를 두면 스스로를 속이고 악을 행하게 된다. 잘못이 발단하는 곳은 강성하여 막을 수 없으니, 이것이 인의 뿌리이다. 잘못한 곳을 보면, 인을 알 수 있다. 사람으로 하여금 잘못을 살펴 알게 하려는

則爲一物, 不可以理名矣. 『易』曰: "見乃謂之象, 形乃謂之器." 器則形而下之名也, 故物與理之分, 只在形而上下之間耳. 成形之後, 卽爲外物, 而吾心之所感者, 亦不過順應乎此而已, 正不當爲其所滯也. 知此, 則物不違則而謂之格矣.

| 13-23 | 過是天理中流出, 順勢自然, 無撙節處, 勢重則偏勝, 卽爲黨矣, 故曰: "人之過也, 各於其黨." 然人之良知, 必能自覺, 覺處著一毫將就, 卽自欺而爲惡矣. 過之發端處, 藹然莫能遏, 卽是仁之根也. 於過處觀

---

19   "見乃謂之象, 形乃謂之器."(『周易』「繫辭上」)
20   "人之過也, 各於其黨."(『論語』「里仁」)

것은, 인이 넘쳐흘러 절도에 맞지 않기 때문이다. 흘러넘쳐서 절도에 맞지 않음을 알면, 인이 바로 여기에 있다.

| 13-24 | 경敬과 의義는 본디 내외를 합치시키는 길이므로, 오히려 마음을 보존하고(存心) 앎을 극진하게 한다(致知)고 말할 뿐이다. 대개 경은 보지 않는 데서 경계하고 삼가며 듣지 않는 데서 공구하는 공부로서, 이 마음을 수렴하여 돌이켜 안으로 들어가는 것이므로, 마음을 보존한다고 한다. 의는 보지 않고 듣지 않는 가운데 사리를 분별하는 것으로, 이는 홀로 아는 곳에서 그 정밀함이 지극하기를 구하므로, 앎을 극진하게 한다고 한다. 그러나 아는 능력을 발휘하는 것은 바로 이 마음이고, 아는 것에서 경계할 줄 알면 마음이 안에 있게 되니, 어찌 두 가지가 있겠는가? 경敬과 의義가 세워지는 곳에 이르면 바로 본체의 덕이다. 경이 고요하고 텅 빈 가운데 있으면 치우치지 않아서 바르게(正) 되고, 경이 감응하는 때에 행해지면 바름을 얻어서 옳게(義) 된다. 바르면 그 본성을 다 발휘하고 왜곡되는 것이 없으니, 그 곧음(直)이다. 곧음이란 작용이 순조롭고 안에 주재가 있는 것이므로, 안을 바르게 한다고 한다. 옳으면 일정한 이치에 따르고 바꾸고 옮기는 것이 없으니, 이것이 바르게 하는 것이다.

之, 可以知仁. 欲人察識過, 是仁之流而不中節者也. 知其流而不中節, 則仁卽此而在矣.

| 13-24 | 敬義本合內外之道, 猶曰存心致知云耳. 蓋敬卽戒愼不睹・恐懼不聞之功, 收斂此心, 反入於內, 故曰存心也. 義卽不睹不聞中之能分別事理者, 此在獨知處求致其精, 故曰致知也. 然能知者卽是此心, 於知上知謹, 則心便在內, 豈有二哉? 敬義至於立處, 卽是本體之德. 敬存乎靜虛之中, 則以不偏而爲正; 敬行乎感應之際, 則以得宜而爲義. 正則遂其本性, 無所回曲, 是其直也. 直者, 用之順而其主在內, 故云直內. 義則因其定

바르다는 것은 체가 항상되면서 그 단제함이 밖에 있으므로, 밖을 바르게 한다고 한다.[21] 이것이 『주역』에서 말하는 경과 의이니, 대개 완성된 덕을 말한다. 덕이 완성되면 본체가 중정하여 행하는 바에 의심이 없어 순조로움이 된다. 그러므로 「곤괘」의 육이[22]에서 말한 것이다. 공부의 측면에서 말하면, 응당 경으로써 안을 곧게 하고 의로써 밖을 바르게 한다고 말해야 하니, 굳건함을 주로 하는 것이다. 경과 의는 미리 단정하지 않고 조장하지 않을 때 곧 순조롭게 되니, 어찌 밖으로 굳센 것으로써 경과 의를 말할 수 있겠는가?

|13-25| "용이 들에서 싸우니, 그 피가 검고 누르다."[23](곤괘) 6효의 음은 어둠이 극에 달했지만 양이 없은 적이 없는 것이니, 마치 사람 마음의 어둡고 가리움이 이미 자심하지만 천리는 민멸되지 않은 것과 같다. 양이 음 속에서 정신차려 다시 깨달아 음에게 수모를 당하고 있지만 장차 스스로 떨쳐 일어나려 하므로 더불어 싸우는 것이다. 전투를 주도하는 자가 양이므로 용으로써 말하지만, 음에서 전투가 벌어진다. 음양의 위치가 정해진 때에는 하늘

理, 無所變遷, 是其方也. 方者, 體之恒而其制在外, 故云方外. 此『易』之所謂敬義, 蓋以成德言也. 德成則本體中正, 不疑其所行而爲順, 故以言於「坤」之六二. 若自工夫言, 則當云以敬直內, 以義方外, 主乎健矣. 敬義不正助處卽是順, 安可外健以言敬義哉?

|13-25| "龍戰于野, 其血玄黃." 六陰晦極而陽未嘗亡, 猶人心昏蔽已甚而天理未泯也. 陽在陰中, 惺然復覺, 以爲受侮於陰, 將自振焉, 故與之戰. 主於戰者陽也, 故以龍言, 而所戰之地在

---

21   "君子敬以直內, 義以方外."(『周易』「坤卦」)
22   坤卦 六二의 爻辭는 "直方大, 不習无不利."이다.
23   "龍戰于野, 其血玄黃."(『周易』「坤卦」上六 爻辭)

은 검고 땅은 누르며, 이제 음과 양이 서로 뒤섞이면 오히려 이치와 욕망이 밝지 않으므로 "그 피가 검고 누르다."라고 하는 것이다.

13-26 양심은 사람에게서 없어지는 때가 없으니, 이것이 천명의 본체이다. 성인이 『주역』을 지어 길흉회인吉凶悔吝의 이치를 밝혀 사람들로 하여금 그 본심으로 돌아가게 했다. 길흉회인이란 마음의 네 가지 덕이다. 선을 행하면 길하게 되며, 길이란 마음이 편안한 곳이다. 악을 행하면 흉하게 되며, 흉은 마음이 불안한 곳이다. 흉한 데로부터 길한 데로 나아가면 후회하게 되니, 후회는 마음이 깨달을 바가 있어서 반드시 고치고자 하는 것이다. 길한 데로부터 흉한 데로 나아가면 근심하게 되니, 근심은 마음에 부끄러워하는 바가 있어서 그렇게 하지 않고자 하는 것이다. 이것들은 모두 밖에서 구할 필요 없이 천명이 저절로 움직이는 것으로, 이 마음이 일단 각성하면 어찌 다시 재앙의 조짐을 답습하겠는가!

13-27 성인이 괘를 그린 것은 순전히 마음에서 이 이치를 본 데 달려 있으므로, 그 상(象)이 모두 덕의 강유를 형상하고 있으니, 대개 천지만물을 보고 나서야 얻을 수 있는 것이 아니다. 천지만물은 기이고, 덕이 이룬 형상이

陰. 當陰陽有定位之時, 天玄地黃, 今陰陽相雜, 猶理欲未明也, 故曰"其血玄黃".

13-26 良心在人無有死時, 此天命之本體. 聖人作『易』, 開之以吉凶悔吝, 使人自復其本心而已矣. 吉凶悔吝者, 心之四德也. 爲善則吉, 吉者心之安處也. 爲惡則凶, 凶者心之不安處也. 自凶而趨吉則悔, 悔者心有所悟而必欲改也. 自吉而向凶則吝, 吝者心有所羞而不欲爲也. 此皆天命自動而不待於外求者, 此心一覺, 豈復蹈禍幾耶!

13-27 聖人畫卦, 全在心上見得此理, 故其象皆狀德之剛柔, 蓋不待觀於天地萬物而後可得也.

다. 덕을 알면 천지를 알며, 만물은 그 가운데 있다. 『대전』에서는 복희씨가 우러러보고 운운하였으니,[24] 이것은 춘추 이후에 『주역』을 배운 자의 설이다.

天地萬物者氣也, 德所成之形耳. 知德則知天地, 萬物在其中矣. 『大傳』包犧氏仰觀云云, 此是春秋以後學『易』者之說.

---

24 "古者包犧氏之王天下也, 仰則觀象於天, 俯則觀法於地, 觀鳥獸之文與地之宜, 近取諸身, 遠取諸物, 於是始作八卦, 以通神明之德, 以類萬物之情."(『周易』「繫辭下」)

지부 팽산 계본 선생

상서 구암 황관 선생

尚書黃久菴先生縮

| 13-28 | 황관은 자字가 숙현叔賢이고, 호號는 구암久菴이며, 절강성 태주台州의 황암현黃岩縣 사람이다. 조부의 음덕으로 관직에 올라 후군 도사를 제수받았다. 질병이라 하여 사직하고 돌아와 집에서 10년을 머물렀다. 천거를 통해 남경도찰원 경력에 올랐다. 장총(張璁, 1475-1539)·계악(桂萼, ?-1531)과 함께 소를 올려 대례를 행하자고 주장하여 남경공부원외랑으로 승진하였으나, 누차 소를 올려 사직을 청했다. 상서 석서(席書, 1461-1527)[1]가 『명륜대전明倫大

| 13-28 | 黃縮字叔賢, 號久菴, 台之黃岩人. 以祖廕入官, 授後軍都事. 告病歸, 家居十年. 以薦起南京都察院經歷. 同張璁, 桂萼上疏主大禮, 陞南京工部員外郎, 累疏乞休. 尚書席書纂修『明倫大

---

1   석서(席書): 1461-1527. 자는 문동(文同)이고 호는 원산(元山)이다. 사천성(四川省) 봉계현(蓬溪縣) 길상향(吉祥鄉) 사람이다. 홍치(弘治) 원년(1488)에 거인이 되고, 홍치 3년(1490)에 진사가 되어 산동성 담현(郯縣)의 지현에 제수되었다. 정덕(正德) 연간에 하남성 안찰사 첨사, 귀주 제학 부사, 우부첨도어사, 호광 순무를 역임하였다. 세종이 즉위하자 "대례(大禮)" 문제를 제기하고 황제의 뜻에 부합하는 소를 올려 특지로 예부상서에 임명되고, 이로부터 세종의 신임을 얻고 특별한 총애를 받았다. 가정(嘉靖) 4년(1525) 2월 석서가 왕수인을 병부상서에 추천하였으나 황제가 허락하지 않았다. 같은 해에 국자감 감생 하연(何淵)이 흥헌제의 사당을 따로 지어야 한다고 주장하

典』을 편찬할 때 선생을 천거하여 함께 작업하였다. 광록시 소경에 임명되었다가 대리시로 전임되었으며, 소첨사 겸 시강학사로 바뀌었다가 강관으로 임명되었다. 『명륜대전明倫大典』이 완성되자 첨사로 승진하고 시독학사를 겸임했다. 남경예부우시랑으로 나갔다가 예부좌시랑으로 전임되었다. 운중의 난[2]이 일어나자 가서 평정하였다. 을미년 공거시를 주관하고, 부친상을 당하여 사직하고 상을 마친 후 예부상서에 기용되고 한림원 학사를 겸하였고, 안남정사로 임명되었으나 지연하면서 가지 않았다. 한가하게 머물면서 취병산으로 이사하였다. 추우나 더우나 책을 놓지 않았다. 향년 75세였다.

典』, 薦先生與之同事. 起光祿寺少卿, 轉大理寺, 改少詹事兼侍講學士, 充講官. 『大典』成, 陞詹事, 兼侍讀學士. 出爲南京禮部右侍郎, 轉禮部左侍郎. 雲中之變, 往撫平之. 知乙未貢擧, 丁憂服闋, 起禮部尙書, 兼翰林院學士, 充安南正使, 以遲緩不行. 閒住, 遷家翠屛山中. 寒署未嘗釋卷, 享年七十有五.

|13-29| 선생은 처음에는 사탁謝鐸[3]에게 배웠

|13-29| 先生初師

---

2   자 황관이 반대하였고, 이 때문에 남경 형부 원외랑으로 좌천되었고, 칭병하고 사직하였다. 가정 6년(1527) 67세의 일기로 죽었다. 태부(太傅)에 추증되었고, 시호는 문양(文襄)이다. 저술에『대례집의(大禮集議)』가 있다.
    운중의 난(雲中之變): 가정(嘉靖) 3년(1524)에 운중무신(雲中撫臣)이 다섯 개의 보루를 추가하여 오랑캐를 막자고 건의했는데, 일처리가 공정하지 않았다. 참장 가감(賈鑑)이 공사 감독을 가혹하게 하면서 사익을 취하자 사람들이 분노하여 공사장에서 가감을 죽였다. 처분에 따르면 반드시 죽게 되었으므로 사람들이 오랑캐 땅으로 들어가 모반을 일으킨 사건이다.

3   사탁(謝鐸): 1435-1510. 절강성 태주부(台州府) 태평현(太平縣) 사람으로, 자는 명치(鳴治)이고, 호는 방산(方山)이며, 시호는 문숙(文肅)이다. 명대의 관원이자 문학가·이학가로, 성화(成化)·홍치(弘治) 연간 "다릉시파(茶陵詩派)"의 주요 성원이다.

상서 구암 황관 선생

으나, 도사로 재직할 때 양명이 강학한다는 말을 듣고 찾아뵈었다. 양명이 "어떤 공부를 하려 하는가?"라고 하자 대답하길, "애초에 뜻이 있었지만, 공부는 전혀 하지 못했습니다."라고 했다. 양명이 말하길, "사람은 뜻이 없음을 염려하지, 쓸 만한 공부가 없음은 걱정하지 않는다."라고 했다. 또한 담약수(湛若水, 1466-1560)를 만나서 학문에 뜻을 두기로 맹세하였다. 양명이 월 지역으로 돌아오자 선생이 방문하여 치양지의 가르침을 듣고서 말했다. "간이직절하여, 성학에 의심의 여지가 없다. 선생은 참으로 나의 스승이니, 아직도 벗으로 자처할 수 있겠는가?" 이에 제자로 칭하였다. 양명이 죽자 계악이 비방하였다. 선생이 소를 올려 말했다. "과거에 대례를 논할 때, 신이 계악과 힘을 합쳐서 신이 곧은 벗이 되어 임금에게 충성하였습니다. 이제 계악이 신의 스승을 폄훼하니, 신은 감히 벗에게 아부하느라 스승을 등질 수는 없습니다." 또한 자신의 딸을 양명의 아들 정억에게 시집보내고, 금릉에 데리고 가서 외부로부터 받는 모욕을 피하게 했다. 선생은 '간지艮止'를 학문의 목표로 삼아, 이렇게 말했다. "중간에 세상일을 겪으며 성실하지 않고 예의에 맞지 않는 기이한 상황을 보고서, 그 성실함을 발휘하고 그 이치를 행하고자 하여 돌이켜 부끄러워하였다. 이윽고 부끄러워하지 않고 자신에게 맡겼으니, 세상에 대해 분개하

謝文肅, 及官都事, 聞陽明講學, 請見. 陽明曰: "作何功夫?" 對曰: "初有志, 工夫全未." 陽明曰: "人患無志, 不患無工夫可用." 復見甘泉, 相與矢志於學. 陽明歸越, 先生過之, 聞致良知之敎, 曰; "簡易直截, 聖學無疑. 先生眞吾師也, 尙可自處於友乎?" 乃稱門弟子. 陽明旣歿, 桂萼齮齕之. 先生上疏言: "昔議大禮, 臣與萼合, 臣遂直友以忠君. 今萼毁臣師, 臣不敢阿友以背師." 又以女妻陽明之子正億, 攜之金陵, 銷其外侮. 先生立良止爲學的, 謂: "中涉世故, 見不誠非禮之異, 欲用其誠, 行其理, 而反羞之. 旣不羞而任諸己, 則慎世

고 사악함을 질시하여 세상을 가벼이 보고 제멋대로 하려는 뜻이 있었다. 이에 폄훼와 칭송이 함정에 빠뜨리는 일이 교대로 생겨나서 답답하게 곤고한 마음으로 스스로 용납할 수 없었다. 이에 비로소 이치를 궁구하고 본성을 다하여 천리를 즐거워하고 천명을 알기를 추구하여 거의 편안할 수 있었다. 오래되자 자연히 궁리진성과 낙천지명이 서로 안착되게 되었다. 그러자 리와 성과 천명이 모두 나에게 있어 궁구하고 다하고 즐기고 아는 작위를 용납함이 없음을 알았다. 이것을 일러 '간지(艮止: 멈추는 데에 멈춘다)'라고 한다."

嫉邪, 有輕世肆志之意. 於是當毀譽機阱之交作, 鬱鬱困心無所自容, 乃始窮理盡性以求樂天知命, 庶幾可安矣. 久之自相湊泊, 則見理性天命皆在於我, 無所容其窮盡樂知也, 此之謂艮止."

|13-30| 『오경五經』에 대해서는 모두 『원고原古』가 있다. 『주역』에 대해서는, 선천의 여러 그림에 근거하여 그림만 있고 글이 없는 것은 복희伏羲의 역으로 여기고, 단사彖辭는 문왕文王의 역으로 여기고, 효사는 주공周公의 역으로 여기고, 『단전彖傳』·『소상전小象傳』·『계사전繫辭傳』·『문언文言』·『설괘說卦』·『서괘序卦』·『잡괘雜卦』는 공자의 역으로 보았다. 『대상전大象傳』은 『대상사大象辭』로 보고, 공자가 선천역을 밝힌 것으로 여겼으며, 그 괘의 순서 또한 『선천횡도先天橫圖』에 따라 정했다. 또한 공자가 『계사繫辭』에서 신농神農·황제黃帝·요堯·순舜·주공周公 역의 숨겨진 뜻을 언급하여, 역대의 주역을 밝혔다고 보았다. 또한 공

|13-30| 其於『五經』皆有『原古』, 『易』以『先天』諸圖有圖無書爲伏羲『易』, 『彖』辭爲文王『易』, 『爻辭』爲周公『易』, 『彖傳』, 『小象傳』, 『繫辭傳』, 『文言』, 『說卦』, 『序卦』, 『雜卦』爲孔子『易』. 以『大象傳』爲『大象辭』, 爲孔子明先天『易』, 其卦序次亦依『先天橫圖』之先

자가 만물의 처음과 끝이 간艮보다 흥성한 것은 없다고 말한 것[4]과 문을 닫는 곤으로 문을 여는 건보다 앞에 둔 것[5]을 통해 선후천을 합하여 미루어 감으로써 하나라와 상나라의 『연산連山』·『귀장歸藏』의 순서를 보여 주었다.

|13-31| 『시경詩經』은 『남(南: 주남과 소남)』·『아雅』·『송頌』등 악樂에 합하는 것은 순서를 앞에 두고 십삼국[6]을 뒤에 두었으며, 국풍國風이란 이름을 제거하고 '열국'이라고 하였다. 노나라에 '송頌'이 있는 것은 참월하다고 여겨 또한 열국으로 강등시켰다. 『춘추春秋』는 여러 유자들이 범례를 파고든 것을 통렬하게 타파하고, 일관되게 모두 경전의 문장을 근거로 삼았다. 『예경禮經』은 신身·사事·세世를 세 가지 중요한 종류로 삼아, 신을 말하는 것들은 모두 신을 부류로 삼고(용모의 부류), 사를 말하는 것들은 모두 사를 부류로 삼고(관혼의 부류),

後. 又以孔子『繫辭』言神農, 黃帝, 堯, 舜, 周『易』之蘊, 爲明歷代『易』. 又以孔子始終萬物, 莫盛乎艮, 以闔戶之坤, 先闢戶之乾, 合先後天而推之, 以見夏, 商『連山』, 『歸』『藏』之次序.

|13-31| 『詩』以『南』,『雅』,『頌』合樂者, 次第於先, 退十三國於後, 去『國風』之名, 謂之'列國'. 魯之有『頌』, 僭也, 亦降之爲列國. 『春秋』則痛掃諸儒義例之鑿, 一皆以聖經明文爲據. 『禮經』則以身事世爲三重, 凡言身者以身爲類,

---

4 공자가 … 말한 것: 『주역』「설괘전」의 "終萬物始萬物者, 莫盛乎艮"을 가리킨다.
5 문을 닫는 … 둔 것: 『주역』「계사전」의 "闔戶謂之坤, 闢戶謂之乾"을 가리킨다.
6 십삼국(十三國): 위(衛)·왕(王)·정(鄭)·제(齊)·위(魏)·당(唐)·진(秦)·진(陳)·회(檜)·조(曹)·빈(豳) 나라를 가리킨다.

세를 말하는 것들은 모두 세를 부류로 삼았다.(조빙의 부류) 『서경書經』은 그 착간을 바로잡았을 뿐이다. 이는 모두 자신을 스승으로 삼는 마음에서 자신의 생각을 적용하여 성경을 전도시킨 것이며, 특히 이치에 해가 된 것은 『주역』과 『시경』이었다.

|13-32| 무릇 『선후천도설先後天圖說』은 본래 소옹 일파의 학문으로, 주자가 별도의 유파로 배치한 것 또한 타당하다. 이제 『선천제도先天諸圖』를 복희씨가 손으로 그린 것으로서 세 성인과 병렬하여 경전으로 삼는 것은 표절한 자를 정통을 삼는 게 아닌가? 『대상전大象傳』의 순서를 다시 따르는 것은 천 년 이상의 성인으로 하여금 머리를 숙이고 후대 사람들을 따르게 하는 것이다. 『시경』에 남南·아雅·송頌 및 열국의 이름이 있는데, '국풍國風'이라고 부르는 것은 옛 말이 아니라고 했다. 이 설은 송대의 정태지程泰之에 뿌리를 두고 있다. 정태지는 『좌씨춘추左氏春秋』에서 계찰[7]이 음악을 감상

容貌之類. 凡言事者以事爲類, 冠婚之類. 凡言世者以世爲類. 朝聘之類. 『書』則正其錯簡而已. 此皆師心自用, 顚倒聖經, 而其尤害理者『易』與『詩』.

|13-32| 夫『先後天圖說』固康節一家之學也, 朱子置之別傳, 亦無不可. 今以『先天諸圖』卽爲伏羲手筆, 與三聖並列爲經, 無乃以草竊者爲正統乎? 『大象傳』之次第, 又復從之, 是使千年以上之聖人, 俯首而從後人也. 『詩』有'南', '雅', '頌'及列國之名, 而曰

---

7 계찰(季札): B.C.576-B.C.484. 성은 희(姬)이고 이름은 찰(札)이며, 공자찰(公子札)·연릉계자(延陵季子)·연주래계자(延州來季子)·계자(季子) 등으로 불렀다. 오왕(吳王) 수몽(壽夢)의 막내아들이다. 수몽에게 네 아들이 있었는데 막내 계찰이 특히 현명하여 그에게 왕위를 물려주고자 하였으나, 계찰은 권력 싸움에 휩싸이는 것이 싫다며 사양했다.

했다는 것을 증거로 삼았는데, 『좌씨춘추』에서 말한 바 "풍風에는 『채번采繁』·『채빈采蘋』이 있다."는 것은 비판했으니, 어찌 믿을 만하겠는가? 그러나 계찰이 음악을 들은 순서는 먼저 '이남二南'을 듣고 이어서 십삼국을 들었으며, 그 후에 아雅·송頌을 들었다. 이제 남南·아雅·송頌을 앞에 두고 열국을 뒤로하니, 장차 어디에 근본할 것인가? 이는 정태지도 취하지 않은 것이다.

'國風'者, 非古也. 此說本於宋之程泰之, 泰之取『左氏』季札觀樂爲證, 而於『左氏』所云"風有『采繁』,『采蘋』"則又非之, 是豈可信? 然季札觀樂次第, 先'二南', 卽繼之以十三國, 而後'雅', '頌'. 今以'南', '雅', '頌'居先, 列國居後, 將復何所本乎? 此又泰之所不取也.

| 13-33 | 『식여록識餘錄』[8]에서는 선생이 "나봉羅峰[9]에 견줄 만하고 수암邃菴[10]에게는 기운다."라고 했고, 고충헌高忠憲[11]은 『가보家譜』에서 "고향에 머물면서 거드름을 부렸다."라고 했

| 13-33 | 『識餘錄』言先生"比羅峰, 以傾邃菴", 高忠憲『家譜』言"居鄕豪橫".

---

8   『식여록(識餘錄)』: 서학모(徐學謨, 1521-1593)가 가정 연간의 일을 기록한 책이다. 서학모는 전고에 근거하여 『세종실록(世宗實錄)』의 많은 대목을 비판하고 교정했다.

9   나봉(羅峰): 장총(張璁, 1475-1539)의 호이다. 장총은 명대 정치가로, 문연각대학사를 지냈다.

10 수암(邃菴): 양일청(楊一淸, 1454-1530)의 호이다. 양일청은 명대의 정치가로, 성화(成化)·홍치(弘治)·정덕(正德)·가정(嘉靖)에 걸쳐 50여 년 동안 관직에 있으면서 내각수보에 이르렀고, "出將入相, 文德武功"이라 칭해졌다.

11 고충헌(高忠憲): 고반룡(高攀龍, 1562-1626)의 시호이다. 고반룡은 명대의 정치가·사상가다. 동림당(東林黨)의 영수로, '동림팔군자(東林八君子)'의 한 사람이다. 경일선생(景逸先生)이라 불렸다. 저서에 『고자유서(高子遺書)』12권이 있다.

다. 선생이 동문에게 경계한 바를 보면, "우리 무리는 학문에서 공소함에 떨어짐을 면하지 못했다."라고 했다. 동문들이 모두 공경하며 믿고 다른 말이 없었으니, 반드시 대체가 이처럼 전도되지는 않았을 것이다.

『역경원고』서

| 13-34 | 『주역』은 삼재三才의 도이자, 성인의 학문이며, 우환의 중추로서, 선천이 있고 후천이 있다. 선천의 때에는 기가 유행하여 우환이 아직 미미하지만, 후천의 때에는 일이 작용을 이루어 우환이 날로 심하다. 유행할 때에는 상象을 보고 본보기를 삼으며, 작용을 이룰 때에는 상象을 보고 길吉에 나아가고 흉을 피한다. 선천은 하늘·땅·산·연못·우레·바람·물·불 여덟 가지를 상象으로 삼으며, 64괘로 변화하여 사람이 본받아야 할 바를 보여 준다. 이것이 아니면 우환이 일어나 인도人道가 밝지 않게 된다. 본받아서 모범으로 삼는데, 그 요지는 하늘과 땅에서 시작되고 끝난다. 하늘의 운행이 건실함을 보고서 자강불식하고, 땅의 형세가 곤의 형상임을 보고서 두터운 덕으로 만물을 싣는다. 후천은 언동言動·제기制器·점卜·점대筮 네 가지로 일을 삼고, 64가지로 변하여 사람이 나아가고 피해야 할 바를 보여 준다. 이것이 아니면 우환이 심하고 인도人道가

按先生規其同門, 謂 "吾黨於學, 未免落空". 同門皆敬信無異言, 未必大段放倒如是也.

『易經原古』序

| 13-34 | 『易』者, 三才之道, 聖人之學, 憂患之樞也, 有先天, 有後天. 先天之時, 以氣流行, 憂患尙淺, 後天之時, 以事成用, 憂患日深. 流行者, 以象效法, 成用者, 以象趨避. 先天以天地山澤雷風水火八者爲象, 變爲六十四, 以示人之效法. 非此則憂患興, 人道不彰. 效而法之, 其要始終於天地, 觀天行健, 以自強不息, 觀地勢坤, 以厚德載物. 後天以言動, 制

위태롭게 된다. 나아가고 피하는데, 그 요지 또한 하늘과 땅에서 시작되고 끝난다. 지식은 숭고하게 하고 예는 천근하게 하여(知崇禮卑)[12] 숭고하게 하는 것은 하늘을 본받아 뜻을 가다듬고, 천근하게 하는 것은 땅을 본받아 만물을 받아들이는 것이니, 이것이 선천후천의 교의이다. 나는 젊어서 배울 때 그 괘를 보고 그 그림을 고찰하고 그 말을 음미하고 그 뜻을 해석하였으나, 어리석어서 알지 못했다. 중간에 세상일을 겪고서 세상에서 시험을 당하면서, 처음에는 성실하지 않고 예의에 맞지 않는 기이한 상황을 보고서 그 성실함을 발휘하고 그 이치를 행하고자 하여 돌이켜 부끄러워하였다. 이윽고 부끄러워하지 않고 자신에게 맡겼으니, 세상에 대해 분개하고 사악함을 질시하여 세상을 가벼이 보고 제멋대로 하려는 뜻이 있었다. 이윽고 분개하고 질시하며 가벼이 보고 제멋대로 하는 것이 옳지 않음을 알고, 돌이켜 자신에게서 수양하였다. 자신에게 수양함이 이루어지지 않아 매번 폄훼와 칭송이 함정에 빠뜨리는 일이 교대로 일어나는 상황에 부딪히게 되자, 음울하게 의심하는 생각과 깊이 걱정하고 곤고한 마음이 많이 생겨나 자신의 삶을 용납할 곳이 없는 듯하였다. 따라서 궁리진

器, 卜, 筮四者爲事, 變爲六十四, 以示人之趨避. 非此則憂患甚, 人道危. 趨而避之, 其要亦始終於天地, 爲知崇, 爲禮卑, 崇效天以厲志, 卑法地以受物, 此先天後天之敎. 予少學也, 觀其卦, 考其圖, 玩其辭, 繹其義, 昧焉無知也. 中涉世故, 乃試於世, 初見不誠非理之異, 欲用其誠, 行其理, 而反羞之. 旣不羞而任諸己, 則皆憤世疾邪, 有輕世肆志之意. 旣知憤疾輕肆之不可, 則反而修諸己. 修諸己未得, 每遭毀譽機阱之交, 則多鬱鬱疑思, 幽憂困心, 若無所容其生

---

12   "知崇禮卑, 崇效天, 卑法地."(『周易』, 「大傳」)

성窮理盡性하는 데로 나아가 낙천지명樂天知命을 추구하자 거의 편안해질 수 있었다. 그러나 아직 미흡하여 또한 추구하여 나아가니 이치가 나에게 있고 본성에 나에게 있고 하늘이 나에게 있고 천명이 나에게 있어서, 나에게서 궁구하는 작위를 용납함이 없고 나에게서 하늘을 즐거워하는 작위를 용납함이 없고, 나에게서 천명을 아는 작위를 용납함이 없음을 알았다. 그러자 하나로 관통하고 둘이 아니게 되었다. 오로지 멈추어야 할 데 멈추어 그 마땅한 곳에 멈춘다. 그쳐야 할 때 그치고 가야 할 때 간다. 그렇게 하여 만물의 상을 보니, 나아가 하늘이 굳셈을 보고 나아가 땅이 두터움을 본다. 또 그렇게 하여 괘사와 변화와 괘상과 점복을 보니, 나아가 하늘이 높음을 보고 나아가 땅이 낮음을 본다. 그런 뒤에 동정이 적절한 때를 잃지 않을 수 있어서 그 도가 밝게 될 것이다. 그러나 또한 감히 만족하지 않고 실로 내가 나이고 역이 역이고 성인이 성인이고 중인이 중인이라고 알지 않으면서, 이것을 잡고 나아가 우환을 겪어나가기를 오로지 건실하고 오로지 두텁고 오로지 높고 오로지 낮음이 마땅함을 얻게 하여 부지런히 힘쓰면서 날마다 그 미흡함을 본다. 그런 뒤에 역易이 나에게 있음은 모두 우환으로 인해서 얻는 것임을 안다. 공부가 쉽지 않은 것이 이와 같음이 있다.

者, 則進之於窮理盡性, 以求樂天知命, 庶幾可安矣. 然猶未也, 又求而進之, 則見理在於我, 性在於我, 天在於我, 命在於我, 無容窮於我, 無容盡於我, 無容樂於我, 無容知於我, 乃一而無二矣. 惟艮其止, 止於其所, 時止而止, 時行而行, 以觀萬象, 以進觀天健, 以進觀地厚, 又觀辭變象占, 以進觀天崇, 以進觀地卑, 然後動靜可不失其時, 其道可光明矣. 然亦不敢爲足, 實不知予之爲予, 『易』之爲『易』, 聖人之爲聖人, 衆人之爲衆人, 執此以往, 以履憂患, 惟健惟厚, 惟崇惟卑之當, 孳孳日見其未已, 然後知『易』之在予, 皆因憂患而

|13-35| 이제 감히 확정하니, 선천의 여러 그림에 그림만 있고 글이 없는 것은 복희伏羲의 역으로 여기고, 단사象辭는 문왕文王의 역으로 여기고, 효사는 주공周公의 역으로 여기고, 『단전象傳』·『소상전小象傳』·『계사전繫辭傳』·『문언文言』·『설괘說卦』·『서괘序卦』·『잡괘雜卦』는 공자의 역으로 보았다. 『대상전大象傳』은 『대상사大象辭』로 보고, 공자가 선천역을 밝힌 것으로 여겼으며, 그 괘의 순서 또한 『선천횡도先天橫圖』에 따라 정했다. 또한 공자가 『계사繫辭』에서 신농神農·황제黃帝·요堯·순舜·주공周公 역의 숨겨진 뜻을 언급하여 역대의 주역을 밝혔다고 보았다. 또한 공자가 만물의 처음과 끝이 간艮보다 흥성한 것은 없다고 말한 것과 문을 닫는 곤坤을 문을 여는 건乾보다 앞에 둔 것으로 선후천을 합하여 미루어 감으로써 하나라와 상나라의 『연산連山』·『귀장歸藏』의 순서를 보여 주었다. 그『문언文言』이 『계사繫辭』에 잘못 섞인 것은 『문언』에 귀결시키고, 그 『계사繫辭』가 『설괘說卦』에 잘못 섞인 것은 『계사』에 귀결시켜 모든 착간된 것들을 다 바로잡았으니, 모두 각 편에 상세하다. 수십 년을 거치면서 평소 터득한 고심하였던 것을 가지고 그 의미를 해석하였는데, 혹 선유의 설 가운데 같은 것은 감히 없애지 않고서 『역경원

得之. 學之不易, 有如此者.

|13-35| 今敢定之以『先天』諸圖有圖無書爲伏羲『易』, 以『象辭』爲文王『易』, 以『爻辭』爲周公『易』, 以『象傳』, 『小象傳』, 『繫辭傳』, 『文言』, 『說卦』, 『序卦』, 『雜卦』, 爲孔子『易』. 又以『大象傳』爲『大象辭』, 爲孔子明先天『易』, 其卦次序亦依『先天橫圖』之先後. 又以孔子『繫辭』言神農, 黃帝, 堯, 舜, 周『易』之韞爲明歷代『易』. 又以孔子始終萬物, 莫盛乎艮, 以闔戶之坤, 先闢戶之乾, 合先後天而推之, 以見夏, 商『連山』, 『歸藏』卦位之次序. 其『文言』之錯於『繫辭』者, 則歸之『文

고(易經原古: 역경의 고의를 거슬러 올라가 밝힘)』라고 했다. 그러므로 책으로 엮어서 군자들에게 물려주면서, 이에 그 개요를 기술한다.

言』; 其『繫辭』之錯於『說卦』者, 則歸之『繫辭』; 及凡諸錯者皆正之, 皆詳於各篇. 歷數十年, 敢以生平所得之艱難者, 釋其義, 或先儒之說有同者亦不敢廢, 謂之曰『易經原古』. 故綴以沿君子, 茲述其概云.

『서경원고』서

│13-36│ 옛적에 공적의 위대함과 도덕의 성대함은 요·순·삼대를 넘어서는 것이 없다고 말하고, 군주는 요·순·우·탕·문·무를 뛰어넘는 이가 없다고 말하고, 신하는 고요皋陶·기夔·직稷·설契·이윤伊尹·부열傅說·주공周公·소공召公을 넘어서는 이가 없다고 말했다. 사람들이 모두 그 위대함은 알지만 그것이 위대한 까닭은 알지 못하며, 모두 그 성대함은 알지만 그것이 성대한 까닭은 알지 못한다. 무릇 알지 못하는 자들은 공적임은 알지만 공적이 되는 까닭은 알지 못하고, 도덕임은 알지만 도덕이 되는 까닭은 알지 못한다. 무릇 공적은 도덕에서 비롯되고 도덕은 그 학문에서 비

『書經原古』序

│13-36│ 古言功業之大, 道德之盛無過於唐, 虞, 三代, 言君則無過於堯, 舜, 禹, 湯, 文, 武, 言臣則無過於皋, 夔, 稷, 契, 伊, 傅, 周, 召. 人皆知其大矣, 而不知其所以大; 皆知其盛矣, 而不知其所以盛. 夫不知者, 知爲功業而不知所以爲功, 知爲道德而不

롯하며 그 학문은 그 마음에서 비롯하니, 반드시 그 학문을 안 연후에 그 마음을 알 수 있다. 대개 복희 이래로 '간지良止'로써 마음을 보존하는 방법을 가르쳤고, 요 임금에 이르러 "진실로 그 중을 잡으라(允執厥中)."는 것으로써 도를 따르는 요체를 보여 주었으며, 순임금과 우임금에 이르러 '인심도심人心道心' · '위미정일危微精一'[13] · '안지기강安止幾康'[14]으로 '윤집궐중允執厥中'의 요체를 밝혔으며, 탕왕 · 문왕 · 무왕에 이르러 '흠지간배欽止艮背'[15]로써 '건중원극建中綏極'[16]의 요체를 밝혔으니, 모두가 '간지良止'이다. 진실로 그 요체를 얻으면 비록 수천 년 후에라도 수천 년 이전을 볼 수 있다. 이제 내가 수천 년 후에 태어나 망녕된 생각으로 당시 군신의 공적이 위대함과 도덕이 성대함을 들여다보고자 하였으나, 매번 당시에 태어나지 못한 것을 한스러워했다.

知所以爲道德. 夫功業由道德, 道德由其學, 其學由於其心, 必知其學, 然後其心可得知也. 蓋自伏羲以來, 以'艮止'啓存心之法, 至堯以"允執厥中"示由道之要, 至舜, 禹以'人心道心', '危微精一', '安止幾康'明'允執厥中'之要, 至湯, 文, 武以'欽止艮背'明'建中綏極'之要, 其實皆'艮止'也. 苟得其要, 雖在數千載之下, 可見數千載之上. 今予生數千載之下, 竊嘗妄意欲窺當時君臣功業之大, 道德之盛,

---

13　"人心惟危, 道心惟微, 惟精惟一, 允執厥中."(『書經』「大禹謨」)

14　禹曰, "安汝止, 惟幾惟康."(『書經』「皐陶謨」)

15　"欽厥止, 率乃祖攸行."(『書經』「太甲」) "艮其背, 不獲其身."(『周易』「艮卦」)

16　建中綏極: '建中'은 "王懋昭大德, 建中於民, 以義制事, 以禮制心, 垂裕後昆."(『書經』,「仲虺之誥」)에서 유래하며, '綏極'은 여기서 '綏猷'와 같은 의미로 보이며 "惟皇上帝, 降衷於下民. 若有恒性, 克綏厥猷惟後."(『尚書』「商書 · 湯誥」)에 연원한다.

|13-37| 일찍이 뜻이 있어 자나 깨나 행실을 바로하며 부지런히 벼슬에 종사했는데, 비록 다행히 때를 만나기는 했지만 천명과 마음이 어긋나 궁벽한 산에 돌아와 누워 문을 닫아걸고 자취를 끊고서 『전典』·『모謨』·『훈訓』·『고誥』의 글을 취하여 미언을 반복해서 궁구하고 오랜 세월 잠심하였더니, 어느 날 아침 홀연히 깨우친 바가 있어 마치 말을 넘어서는 뜻을 보아 임금과 신하가 서로 화합하면서 엄숙하고 은덕에 감읍하여 우러르면서 같은 조정에서 서로 예를 갖추는 모습을 목격하는 듯하였다. 모두가 도덕이 하늘처럼 높고 밝아서 포용할 수 없는 것들을 포용하고 땅처럼 넓고 두터워서 실을 수 없는 것들을 실으며 한없이 유구하여 이룰 수 없는 것들을 이루니, 거스르고 따르는 많은 길과 현명하고 우둔한 많은 부류와 공사公私의 취하고 버림이 모두 그 범위에서 벗어나지 않는다. 이에 한숨을 쉬며 탄식하기를, "이 학문이 이미 단절되어, 이와 같은 도덕이 오래도록 사람들에게 밝혀지지 않고 이와 같은 공적이 오래도록 세상에 밝혀지지 않으니, 내가 어찌 골몰할 수 있겠는가?"라고 했다. 이와 같은 생각을 품고서 하늘을 우러르고 땅을 굽어보니 걱정이 되어 스스로 그만둘 수 없었다. 이에 그 글이 착간된 것과 편장이 착

|13-37| 早嘗有志, 寤寐景行, 黽勉從仕, 雖幸有遭, 命與心違, 歸臥窮山, 掃迹蓬戶, 乃取『典』, 『謨』, 『訓』, 『誥』之文, 反覆微言, 潛心歲月, 一旦怳然若有所啓, 若見言外之旨, 目擊其君臣雍雍濟濟, 感德仰恩, 相與揖讓於一堂之上. 皆有以見其道德高明如天, 容物之所不能容, 博厚如地, 載物之所不能載, 悠久無疆, 成物之所不能成, 逆順萬途, 賢愚萬類, 公私取舍, 皆不出其範圍. 於是喟然歎曰: "斯學旣絶, 如斯道德, 所以久不明於人, 如斯功業, 所以久不明於世, 予何汩沒?" 抱

간된 것을 정정하여 이해한 바에 따라 혹 예전에 들은 것을 바탕으로 주해를 달아, 『서경원고書經原古』라고 명명했다. 바라건대 그 때와 그 의가 찬연히 밝힐 수 있으니 천고에서 추구하는 군자가 혹 여기서 징험함이 있기를 기다린다.

『시경원고』서

|13-38| 시를 음악에 합치시키는 것이 옛날의 가르침이다. 공자가 음악을 시에 합치시켰음은 당시 제자들이 모르는 이가 없었다. 공자가 죽자 미언이 끊어지고 칠십자[17]가 사라지자 대의가 어그러졌으니, 아는 사람이 드물게 되었다. 그러므로 후세에 시가 네 부류로 나뉘었는데 모두 『악경樂經』이 이미 없어졌다고 하였다. 이에 근거하여 말하자면, 세상은 음악을 모른다고 하겠다. 대저 이미 음악을 모르니, 시를 또한 알지 못한다. 왜냐? 무릇 시는 감정에서 발동되어 뜻을 움직이고, 뜻을 움직여서

茲俯仰, 耿耿不能自已. 乃訂其文之錯簡與篇之錯簡, 隨其所得, 或因舊聞爲箋, 名之曰『書經原古』. 庶幾其時其義, 燦然可明, 以俟君子有求於千古者, 或有徵於斯云.

『詩經原古』序

|13-38| 詩合於樂, 古之敎也. 夫子定樂合於詩, 當時在門弟子莫不知之. 夫子歿而微言絶, 七十子喪而大義乖, 則知之者鮮矣. 故後世詩分爲四家, 而皆謂『樂經』已亡. 由此言之, 則世不知樂矣. 夫樂旣不知, 則

---

17 칠십자(七十子): 공자 문하의 72현을 가리킨다. "孔子以詩書禮樂敎, 弟子蓋三千焉, 身通六藝者七十有二人."(『史記』「孔子世家」) "以德服人者, 中心悅而誠服也, 如七十子之服孔子也."(『孟子』「公孫丑上」)

말로 드러내고, 말이 길어지면 소리에 의탁하고, 소리가 길어지면 운율과 합치시키고, 운율이 화합되면 음과 조화를 이루게 하니, 이것이 오성五聲·육률六律·팔음八音이 없어지지 않고 음악에 합치되는 까닭이다. 무엇을 오성이라 하는가? 궁상각치우宮商角徵羽가 그것이다. 무엇을 육률이라 하는가? 황종黃鍾·태주太簇·고세姑洗·유빈蕤賓·이칙夷則·무역無射과 대려大呂·협종夾鍾·중려仲呂·임종林鍾·남려南呂·응종應鍾으로, 음양 각 여섯 가지가 그것이다.[18] 무엇을 팔음이라 하는가? 쇠(金)·돌(石)·실(絲)·대나무(竹)·바가지(匏)·흙(土)·가죽(革)·나무(木)가 그것이다. 이로써 음악을 말하면, 시가 거기에 있다.

|13-39| 『주남周南』·『소남召南』은 문왕과 후비의 덕이자 주공·소공의 교화이므로, 일찍이 관현으로써 방중의 음악으로 삼아 규방·향당·방국에서 사용하였다. 『이아二雅』·『이송二頌』은 문왕·무왕의 공덕이자 후직后稷·

詩亦不知矣. 何哉? 夫詩發之情而動之志, 動之志而著之言, 言永而依之聲, 聲永而協之律, 律和而諧之音, 此五聲, 六律, 八音之所不廢而合於樂也. 何謂五聲? 宮, 商, 角, 徵, 羽是也. 何謂六律? 黃鐘太簇, 姑洗蕤賓, 夷則無射, 大呂夾鍾, 仲呂林鍾, 南呂應鍾, 陰陽各六是也. 何謂八音? 金, 石, 絲, 竹, 匏, 土, 革, 木是也. 以此言樂而詩在焉.

|13-39| 『周南』, 『召南』, 文王后妃之德, 周, 召二公之化, 故嘗被之管絃, 以爲房中之樂, 用之

---

18 육률(六律): 황종(黃鍾)·태주(太簇)·고세(姑洗)·유빈(蕤賓)·이칙(夷則)·무역(無射)을 6양률(六陽律)이라 하고, 대려(大呂)·협종(夾鍾)·중려(仲呂)·임종(林鍾)·남려(南呂)·응종(應鍾)을 6음률(六陰律)이라 부른다.

공유公劉·태왕太王·왕계王季가 쌓아 온 것이
므로, 일찍이 종과 북 및 관악기[鐘鼓管籥]로 협
주하여 조정·교묘郊廟[19]의 음악으로 삼아 연
회에서 사용하고 신명에게 바쳤다. 뜻으로써
뜻을 감동시키고 성聲·율律·음音이 서로 감
응하고 성·율·음이 모두 상응하여 기가 융
합되지 않음이 없게 된다. 기가 융합하고 감정
이 발동되고 밝음과 어두움이 함께 조화를 이
루는데, 이로써 사람들을 다스리므로 점차 교
화되어 변화해서 성정을 기르는데 누가 하는
지 모르게 되며, 이것으로 신을 섬기므로 상하
가 화합하고 호응하여 정성으로써 감동시키게
된다.

이것이 시와 음악이 가르침이 되는 까닭이다.
이른바 "인사가 아래에서 두루 미치면 천도가
위에서 갖추어져 모든 이치가 구비된다."는 것
이니, 옛 성왕들이 태자를 가르칠 때 필히 앞
세우고 풍속을 변화시킬 때 반드시 일삼는 바
이다.

閨門, 鄕黨, 邦國.
『二雅』, 『二頌』文
王, 武王之功德, 后
稷, 公劉, 太王, 王
季之積累, 故嘗協之
鐘鼓管籥, 以爲朝
廷, 郊廟之樂, 用之
燕饗, 薦之神明. 以
志感志, 聲, 律, 音
無不相感, 聲律音無
不相應, 而氣無不
融. 氣融情動而幽
明共和, 以之治人,
所以陶鎔變化, 養其
性情而莫知所爲者;
以之事神, 上下和
應, 莫不孚格.
　此詩, 樂之所以爲
敎, 所謂"人事浹於
下, 天道備於上, 而
無一理之不具", 故
古先聖王敎冑子之
必先, 而移風易俗之

19 　교묘(郊廟): 천지에 대한 제사인 교사(郊祀) 혹은 교제(郊祭)와 조상에 대한 제사인 묘
제(廟祭)를 말한다.

| 13-40 | 여타 십삼국은 모두 구주[20]의 옛 지역이며, 모두 옛 성현이 남긴 가르침이다. 그후 군주가 똑같은 사람이 아니고 현명함 여부도 같지 않고 교화 또한 달라서 풍속이 변하지 않을 수 없었다. 그러나 성현이 남긴 가르침은 또한 때로 남아 있어서, 혹 현명한 사람과 정숙한 부인이 뜻을 얻지 못하거나 혹 촌락의 남자가 감정을 표출할 적에 때로 감동할 만한 게 있고 더러 고민해야 하는 일이 있었으며, 그리고 공유가 왕업의 기초를 놓고 주공이 왕실을 어렵게 다스렸으니, 시의 득실을 모두 볼 수 있다. 이것은 비록 현악기 타고 노래 부르는 음악을 항상 사용하지는 않았지만, 그것을 사용하여 뜻을 풍자해서 보고서 성찰하고 개선하도록 갖추었을 따름이다. 그러므로 공자가 특히 그 전적을 들어 논의하였으니, 모두가 옛 것에 근거하여 중복된 것을 제거하고 문란한 것을 바로잡고 선악을 밝혀서 만세토록 교화의 근본으로 삼은 것이다.

必事.

| 13-40 | 其他十三國, 皆九州之舊域, 皆有古聖賢之遺教. 其後君非一人, 賢否不一, 教化亦異, 風俗不能不變. 然聖賢之遺, 亦時有存者, 或賢人貞婦之不得志, 或里巷男子之道情, 或時有可感, 或事有當憫, 及夫公劉之肇基王業, 周公之克艱王室, 詩之得失, 皆可見也. 此雖可絃歌而樂不常用, 但用之諷志, 以備觀省觀懲而已. 故夫子特舉其籍而討論之, 皆因其舊, 去其重複, 正其紊亂, 明其善惡, 以爲萬世教化之本.

---

20   구주(九州): 大禹治水時, 將中國分爲9個州, 分別是冀州·兗州·靑州·徐州·揚州·荊州·豫州·梁州·雍州. 一般乃指周禮九州, 爲揚·荊·豫·靑·兗·雍·幽·冀·幷州. 後用作中國的代稱.

|13-41| 내가 어려서 그것을 배웠으나 머리가 하얗게 세고서야 비로소 그 이치를 알게 되었다. 그러므로 감히 남南·아雅·송頌을 음악과 결합하여 앞 순서에 두고, 십삼국은 물려서 뒤에 두며, '국풍國風'이라는 이름을 제거하고 '열국列國'이라고 하였으니, 또한 옛 것에 근거한 것이다. 노나라에 '송頌'이 있는 것은 실로 천자의 예악을 참칭한 것으로, 공자는 노나라의 신하이므로 삭제하지 않고 독자로 하여금 그 옳고 그름을 스스로 알게 하였다. 이제 그것을 '열국'에서 퇴출시켜 공자의 뜻을 밝히니, 시와 음악이 모두 온전해질 수 있을 것이다. 그 시가 뒤섞이지 않았으며, 총합해서 『시경원고詩經原古』라 이름하여, 음音을 살피고 뜻을 풍자하는 데 참고됨이 있게 하고 점차 교화시키고 정성으로 감동시키고 권계하는 데 방법이 있게 하였으니, 시를 배우고 음악을 배우는 이들이 두 가지를 모두 얻기를 기대한다.

『춘추원고』 서

|13-42| 『춘추春秋』는 공자가 세상을 경영하려는 뜻을 가지고 변화에 대처한 책이다. 맹자는 일찍이 공자가 『춘추』를 지은 뜻을 이렇게 밝혔다. "그 글은 역사이지만, 그 의리는 공자가 은밀하게 취한 것이다." 그러므로 『춘추』는

|13-41| 予少學之, 白首方知其故. 故敢以『南』,『雅』,『頌』合樂者, 次第於先, 乃退十三國於後, 去其'國風'之名, 謂之'列國', 亦因其舊也; 魯之有'頌', 實僭天子禮樂, 夫子魯之臣子, 故不削, 使讀者自知其非, 今黜之於'列國', 以明夫子之志, 庶幾詩, 樂之兩全, 他詩之不雜, 總名之曰『詩經原古』, 以俾審音, 諷志之有考, 陶鎔, 孚格, 勸戒之有法, 以俟學詩學樂者之兩得也.

『春秋原古』序

|13-42| 『春秋』者, 夫子經世之志, 處變之書也. 孟子嘗明夫子作 『春秋』之志, 曰: "其文則史,

사서史書인데, 공자가 세상을 경영하며 변화에 대처한 것이라고 할 수 있는가? (나는 다음과 같이) 말한다. 사서는 당시 천하의 일을 기재한 것이고, 공자는 사서를 보고 그 의리를 파악했으며, 의리에 근거하여 그 기록의 마땅함 여부를 보았다. 그 의리는 천하의 일에 관한 것이므로 적어서 보존하였으니, 이른바 공자가 기록한 것이다. 그 의리 중에 천하의 일에 무관한 것은 제거해 버렸으니, 이른바 공자가 삭제한 것이다. 혹은 기록하고 혹은 삭제하였으니, 모두 그 의리를 보고 그 의리에 근거하여 자신이 그러한 처지에 있는 것으로 설정하여 그 경중을 보고 그 시비를 결정하였으므로, 당시 천하의 일이 모두 공자가 올바르게 경륜하고 제재할 수 있었다. 그러므로 말하길, "그 글은 역사이지만, 그 의리는 공자가 은밀하게 취한 것이다."라고 했다. 무릇 군자는 천하에서 상태常態에 처하기는 쉽고 변태變態에 처하기는 어려우며, 군자의 도는 자신에게 근본하고 하늘에 근원하는데, 이것을 일러 왕도라고 한다. 주나라가 흥성할 때에는 문왕·무왕·성왕·강왕[文武成康]이 위에서 계승하고, 주공·소공·필공·진공[周召畢陳]21이 서로 이어서, 스스로 하

其義則丘竊取之矣." 然則『春秋』, 史也, 而可爲夫子經世處變歟? 曰: 史載當時天下之事, 夫子觀史而見其義, 因義而見其所載之當否. 其義有關於天下之故者, 則書而存之, 所謂夫子筆之也. 其義無關於天下之故者, 則削而去之, 所謂夫子削之也. 或筆或削, 皆觀其義, 因其義, 設以身處之, 以權其輕重, 定其是非, 則當時天下之事, 皆夫子所以經綸裁制之宜也, 故曰 "其文則史, 其義則丘竊取之矣". 夫君子之於天下也, 處常易, 處變難, 君子之

---

21   文王의 아들인 周公 旦과 召公 奭, 文王의 15번째 아들이자 武王의 동생으로 成王이 죽을 때 召公과 함께 康王의 왕위 계승을 도운 畢公 高, 그리고 陳公(?)을 가리킨다.

늘을 받들고 제후에게 덕을 베풀고 백성에게 선을 두루 펼쳤다. 이는 위에서 도로 헤아리고 아래에서 법으로 지킨 것이니, 왕도가 세상에 행해지는 것이 마치 원기가 몸에 풍족하여 온갖 질병이 생겨나지 않는 것과 같았다. 그러므로 말하기를 "상태에 처하기는 쉽다."고 한 것이다. 주나라가 쇠퇴하기에 이르자, 유왕·여왕[幽厲]이 위에서 계승하고, 영榮·윤尹·번番·취聚·궐蹶·우楀가 아래에서 서로 손상시켜서, 스스로 하늘에 닿고 제후에게 악을 퍼뜨리고 백성들에게 독을 흘렸다. 이는 위에서 도로 헤아리지 않고 아래에서 법으로 지키지 않은 것이니, 왕도가 세상에 행해지지 않는 것이 마치 원기가 몸에 부족하여 모든 질병이 잇달아 생겨나지 않는 것과 같았다. 그러므로 말하기를 "변태에 처하기는 어렵다."고 한 것이다.

│ 13-43 │ 춘추시대에 이르러, 주나라 왕실은 이미 동쪽으로 옮겼고, 문왕·무왕·성왕·강왕의 은택을 날로 희미해져서 천하가 혼탁하게 되었다. 백여 년 사이에 다행히 제 환공·진 문공이 나와서 관중 같은 무리의 보좌를 받았다. 비록 뜻이 공리功利에 있었지만 오히려

道本諸身, 原諸天, 是之謂王道也. 方周之盛也, 文, 武, 成, 康相繼在上, 周, 召, 畢, 陳相繼在下, 以身奉天, 綏德諸侯, 溥善氓庶. 此上以道揆, 下以法守, 是王道之行於世, 猶元氣之足於身, 而百病不生, 故曰"處常易也". 及其衰也, 幽, 厲相繼在上, 榮, 尹, 番, 聚, 蹶, 楀相敗在下, 以身拂天, 播惡諸侯, 流毒氓庶. 此上無道揆, 下無法守, 是王道不行於世, 猶元氣之不足於身, 而百病交生, 故曰"處變難也".

│ 13-43 │ 迨至春秋, 周室已東, 文, 武, 成, 康之澤日微, 天下貿貿. 百餘年來幸有齊桓, 晉文者出, 佐以管仲之輩,

왕도의 이름을 빌려 시행할 수 있으면서 패자라 불렸고, 주나라의 성대함을 다시 볼 수는 없었지만 천하의 백성들이 그것에 의지해서 소강小康을 이룰 수 있었다. 오래지 않아 춘추 2패가 몰락하고 다시 혼란스러워졌으며, 후에 비록 송 양공[22]과 진 목공[23] 등의 군주들이 그것을 본받고자 하였으나 패자가 되기에는 부족하였다. 오직 진 도공[24]이 조상의 유업을 잇고자 하였으나 오래지 않아 죽고 천하가 혼란스러워져 그치기를 바랄 수 없었다. 공자가 혼란이 그치지 않음을 두려워하여 선대에서 그 원인을 찾고, 그중에 심한 것은 평왕 49년에 상서로운 기물이 출현한 데 마음이 움직여 서수의 획린에서 붓을 꺾었다. 그사이에 『노사魯史』의 기록에 따르면, 군주의 포악함과 신하의 반역과 부인의 난잡함과 이적의 횡행을 말로 다하고 이루 셀 수 있겠는가! 그러므로 맹자가 말하길, "왕자의 자취가 사라지니 시가 없어지

雖志在功利, 猶能假王道之名以行, 而謂之霸, 雖成周之盛不可復覩, 而天下生民亦賴之以少康矣. 不久二霸沒而復亂, 後雖有宋襄, 秦穆諸君者欲效之, 而不足霸. 惟晉悼欲繼祖業, 不久而歿, 天下之亂, 迄無已時. 夫子懼其不已, 乃求在上之故, 以其甚者, 托始於平王之四十九年, 感瑞物之虛出, 而絶筆於西狩之獲麟. 其間『魯史』所記, 君人之虐, 臣

---

22 宋襄公(？-B.C.637), 子姓, 名茲甫, B.C.650-B.C.637在位, 宋桓公的兒子, 宋成公的父親. 齊桓公死後, 宋襄公與楚國爭霸, 一度爲楚國所拘. 前638年, 宋襄公討伐鄭國, 與救鄭的楚兵戰於泓水. 楚兵強大, 宋襄公講究"仁義", 要待楚兵渡河列陣後再戰, 結果大敗受傷, 次年傷重而死. 『史記』中記載宋襄公是春秋五霸之一.

23 秦穆公(B.C.683-B.C.621), 嬴姓, 趙氏, 名任好. 春秋時期秦國國君(B.C.659-B.C.621在位), 秦德公少子, 秦宣公·秦成公之弟, 被『史記索隱』等書認定爲春秋五霸之一. 前621年去世, 諡號穆.

24 晉悼公, 春秋中期晉國少主. 年僅26歲稱霸中原, 匡復晉國霸權. 在位時重用韓厥, 智罃, 魏絳, 趙武等賢臣, 壓制中行偃, 範匄, 欒黶等強族, 懲亂任賢, 整頓內政, 晉悼公4年魏絳推行"和戎狄"的策略, 同戎狄相處融洽. 聯宋納吳, 糾合諸侯, 將晉國霸業推至巔峰.

고, 시가 없어진 연후에 『춘추』가 지어졌다.”
라고 했다. 『춘추』를 지은 것이 어찌 공자가
일부러 그리 했겠는가? 왕도가 시행되지 않음
을 걱정했기 때문이니, 그래서 “나의 뜻은 『춘
추』에 있다.”고 말했던 것이다.

| 13-44 | 오늘날 『춘추』를 배우는 자들은 진
실로 공자가 세상을 경영하려는 뜻이 없고 변
화에 대처하려는 마음이 없으면서 그 담장 안
을 들여다보고자 하니, 어렵도다! 그 담장 안
을 들여다보기도 어려운데, 하물며 그 깊은 경
지에 들어가고자 하는 것이겠는가? 옛적에 동
중서는 일찍이 그 스승의 설을 이렇게 읊었다.
“신하 된 자는 『춘추』를 알지 않으면 안 된다.
원칙적인 일을 지키면서 그 마땅함을 알지 못
하고 그 변칙적인 일을 만나서 변통할 줄 모르
면서 군주와 아비가 되어서 『춘추』의 의리에
통하지 못하는 자는 반드시 악의 수괴라는 이
름을 뒤집어쓸 것이고, 신하와 아들이 되어서
『춘추』의 의리에 통하지 못하는 자는 반드시
찬탈하고 시해하는 죄악에 빠질 것이다.”25 이
로써 말하면, 공자가 『춘추』를 지은 것은 대개
시대의 변화에 대한 느낌을 감내하지 못하고

子之逆, 妾婦之亂,
夷狄之橫, 可勝言而
可勝數哉! 故孟子
曰: “王者之迹熄而
『詩』亡, 『詩』亡然
後 『春秋』作.” 『春
秋』之作, 豈夫子之
得已哉? 憂王道之
不行也, 故曰: “吾志
在「春秋」.”

| 13-44 | 今之學『春
秋』者, 苟無夫子經
世之志, 處變之心,
而欲窺其門牆, 難
矣! 窺其門牆尚難,
況欲入其閫奧乎?
昔董仲舒嘗誦其師
說曰: “爲人臣者不
可以不知『春秋』. 守
經事而不知其宜, 遭
變事而不知其權, 爲
人君父而不通『春秋』
之義者, 必蒙首惡之
名, 爲人臣子而不通
『春秋』之義者, 必
陷簒弒之罪.” 由此
言之, 則知夫子之作

어쩔 수 없이 그것을 바로잡고자 한 것이니, 그래서 『노사』에 의탁하여 『춘추』를 지은 것이다. 이제 공자가 세상을 경영하려는 의지와 변화에 대처하려는 마음을 알고자 하면서 상투적인 관점에 집착하여 보고자 한다면, 『춘추』를 지은 의미가 아니다. 더욱이 『춘추』의 설은 『삼전』보다 우선하는 게 없는데, 『삼전』에 관해서는 이미 그 득실에 관한 논란이 없을 수 없다.

『春秋』, 蓋不堪世變之感, 思欲正之, 無可奈何, 故托『魯史』爲『春秋』. 今欲知夫子經世之志, 處變之道, 而以義例之鑿觀之, 則非所以爲『春秋』矣. 且『春秋』之說, 莫先於『三傳』, 而『三傳』已不能無得失之議.

|13-45| 이제 사람들에게 전해져 암송되는 것은 호씨(胡安國, 1074-1138)보다 우선시되는 게 없는데, 호씨는 이미 답습하는 폐단이 없을 수 없다. 한·당·송에서 지금에 이르기까지, 『춘추』를 배우는 이들은 모두 『삼전』과 호씨의 범위에서 벗어나지 않는다. 이제 감천 담 선생(湛若水, 1466-1560)이 홀로 하루아침에 홀연히 깨달아서 맹자가 공자에 대해 기술한 말을 중심으로 삼아서 여러 유자들이 상투적인 관점에 집착하는 것을 통렬하게 일소했으니, 어려운 일이라 할 만하다. 그러나 주나라에 의거하

|13-45| 今家傳人誦莫先於胡氏, 而胡氏已不能無沿襲之弊. 自漢, 唐, 宋迄今, 凡學『春秋』者, 皆不出『三傳』與胡氏之範圍. 今甘泉湛子獨能一旦豁然以孟子所述夫子之言爲主, 痛掃諸儒義例之鑿, 可謂難矣!

---

25   『史記』「太史公自序」에 나오는 말인데, 약간의 출입이 있다. 아래 「太史公自序」의 원문 참조. "故有國者不可以不知春秋, 前有讒而弗見, 後有賊而不知. 爲人臣者不可以不知春秋, 守經事而不知其宜, 遭變事而不知其權. 爲人君父而不通於春秋之義者, 必蒙首惡之名. 爲人臣子而不通於春秋之義者, 必陷簒弑之誅, 死罪之名."

상서 구암 황관 선생

여 정월 초하루를 고쳤으니,[26] 한나라 유자들이 전례에 부회하는 부류는 다 이것을 옳다고 여기며, 또한 좌씨로 순전히 국사에 근거하면서 방탄龐誕을 의심하지 않았으니, 이것이 담 선생의 덮을 수 없는 결점이다. 나는 젊어서 『춘추』에 뜻을 두고 상투적인 관점에 집착하는 것을 상당히 혐오하였는데, 머리가 희어지도록 배우고서야 홀연히 맹자와 공자의 말을 깨우치고서 성찰하는 바가 있었다. 당시에는 아직 담 선생의 책을 보지 못했는데, 이제 우연히 보니 나와 합치하는 바가 많았다. 이에 담 선생의 책과 『삼전』및 호씨를 취하고 여러 유자의 설을 참작하고 절충하면서 한결같이 모두 경전의 문장을 근거로 삼았다. 비로 경과 전이라고 하지만 혹은 한대 유자들의 견강부회와 후대 유자들의 왜곡된 설로 인하여 모두 감히 믿을 수 없으므로, 반드시 진정한 성인의 경전에 비추어 본 연후에야 감히 편안하였다. 이것이 나의 뜻이므로, 이것을 철책으로 엮어서 『춘추』에 뜻이 있는 이들에게 제공하노라.

但以周正改月, 凡漢儒附會典禮之類, 皆以爲是, 又以左氏盡據國史而不疑其龐誕, 此乃湛子之瑕瑕不可掩者. 予少有志於『春秋』, 頗厭義例之鑿, 學之白首, 忽悟孟子與夫子之言而有省. 時猶未見湛子之書, 今偶見之, 多與予合, 乃取湛子之書及『三傳』, 胡氏, 參以諸儒之說而折衷焉, 一皆以聖經明文爲據. 雖云經, 傳, 或由漢儒附會, 後儒曲說, 皆不敢信, 必質諸眞聖人之經而後敢安. 此予之志也, 故綴此以俟有志於『春秋』者共云.

---

26 史傳夏商周至秦漢各朝, 正月的月份次序, 各有一定的更改. 戰國秦漢年間對此尚有所謂"三正論", 認爲夏正建寅, 殷正建丑, 周正建子是夏商周三代輪流更改正朔.

『예경원고』서 / 『禮經原古』序

| 13-46 | 무릇 『예경禮經』을 지은 것은 하늘과 땅에서 나왔다. 하늘과 땅이 있은 연후에 남자와 여자가 있고, 남자와 여자가 있은 연후에 지아비와 지어미가 있고, 지아비와 지어미가 있은 연후에 아버지와 아들이 있게 되며,[27] 아버지와 아들이 있은 연후에 군주와 신하가 있게 되고, 군주와 신하가 있은 연후에 상하·친소·장유·붕우가 있고 예를 시행할 바가 있게 된다. 그러므로 예의 제작은 인류으로부터 시작된다. 천지의 귀함은 사람에게 달려 있고, 사람의 귀함은 본성에 달려 있다. 본성에는 인의예지신이 있으므로, 예를 제작하는 사람은 반드시 인간 본성에 따른 예에 따라 인류에 적용하여 조리를 만들고 반드시 인의지신에 부합하여 만들어 낸 연후에 천지에 행하여 인류를 이룰 것이다. 그것을 행하는 데에는 세 가지가 있으니, 몸과 일과 세상이 그것이다. 세 가지 강령을 총합하여 말하면, 경례 삼백이요 곡례 삼천이다. 세 가지 조목을 총합하여 말하면, 관혼상제라 하고 길흉군빈가[28]라 한다. 그

| 13-46 | 夫『禮』之作, 自天地來矣. 有天地然後有男女, 有男女然後有夫婦, 有夫婦然後有父子, 有父子然後有君臣, 有君臣然後有上下, 親疏, 長幼, 朋友, 而禮有所錯, 則禮之制, 自人倫始矣. 天地之貴在人, 人之貴在性, 性有仁義禮智信, 故制禮者必因人性之禮, 錯之人倫而爲之條理, 必合仁義智信出之, 然後行乎天地而成乎人倫也. 其行有三重焉, 曰身, 曰事, 曰世. 總三者之綱言之, 曰經

---

27 "有天地然後有萬物, 有萬物然後有男女, 有男女然後有夫婦, 有夫婦然後有父子, 有父子然後有君臣, 有君臣然後有上下, 有上下然後禮義有所錯."(『周易』「序卦」)

28 "五禮者, 吉凶賓軍嘉也."(『禮記』) "周禮, 大宗伯之職, 以吉禮事邦國之鬼神只, 事謂祀之祭之享之, 以凶禮哀邦國之憂, 哀謂救患分災也, 以賓禮親邦國, 以軍禮同邦國, 同謂

것이 전적에 기재되어 있고, 그것이 드러나면 위의가 있고 의리가 있다. 위의로는 예의상의 규정을 말하고, 의리로는 이치상의 의미를 말한다. 사람이 있어 세 가지를 행함에 잠시라도 떠날 수 없으며 황망하고 위급한 때에도 어길 수 없다.

|13-47| 몸에 있어서는 몸을 주밀하게 하고 일에 있어서는 일을 주밀하게 하고 세상에 있어서는 세상을 주밀하게 하는 것을 일러 응대하여 예에 맞게 하는 것이라고 한다. 자질구레한 그릇 숫자는 상관하지 않고, 구구한 형식과 명칭도 상관하지 않고, 세세한 축사나 옥백 같은 것들도 상관하지 않는다. 군자가 이 세 가지를 주밀하게 하는 것은 가정과 국가와 천하에 시행하는 데 가장 높이는 바이고 삼대의 태평성대를 이루는 길이다. 제왕이 대대로 일어나 바탕과 문식을 손익함에 더러 다른 점이 있지만, 그러나 세 가지에 서는 천지에 근원하고 인륜에서 시작하는 것이니, 하루라도 중단됨이 있어서는 안 된다. 주대에 이르러 크게 갖

禮三百, 曲禮三千. 總三者之目言之, 曰冠, 婚, 喪, 祭, 曰吉, 凶, 軍, 賓, 嘉. 其載也有籍焉, 其出也有儀焉, 有義焉. 儀以言其節文, 義以言其理意. 有人以行乎三重, 斯須不可去, 造次顚沛不可違.

|13-47| 在身所以周身, 在事所以周事, 在世所以周世, 謂之周旋中禮. 瑣瑣器數不與焉, 拘拘刑名不與焉, 屑屑祝史玉帛之云不與焉. 君子周此三者, 所以施之家國天下莫之尙矣, 雍熙太和所由致也. 帝王代作, 質文損益, 雖或不同, 然於三重, 原於天地, 始於人倫者, 則

威其不葉偕老也, 以嘉禮親萬民, 嘉, 善也, 所以因人心所善而爲制.”

추어졌으므로, 예는 주대에 가장 성하였다.

│13-48│ 주대가 쇠함에 이르자 제후가 장차 법도를 넘어서고 그것이 자신에게 해가 됨을 미워하여 모두 그 전적을 제거해 버렸다. 공자 때에 이르러 그 전적이 이미 완전하지 않았으므로, 공자가 이렇게 말했다. "내가 하대의 예를 보고자 하지만, 기대를 징험할 수 없다. 내가 은대의 예를 보고자 하지만, 송대를 징험할 수 없다. 내가 주대의 예를 보고자 하지만, 유왕과 여왕이 손상시켜 버렸다."[29] 다행히 노나라 사관이 오히려 보존할 수 있었으므로, 당시에 주례가 전부 노나라에 있다고 말했던 것이다. 공자는 공자가 그것을 얻었으므로 위나라로부터 노나라로 돌아가 그에 대해 토론하였다. 이른바 예를 정했다는 것은 이 전적을 경전으로 정했다는 말이다. 공자가 비록 산정하였지만, 공자는 지위가 없었다. 단지 사적으로 소장하고 사적으로 전수하여, 세상에 크게 행해지지는 않았다.

│13-49│ 공자가 죽자 은미한 의미가 끊어지고

未嘗一日有間. 至周而後大備, 故禮莫盛於周.

│13-48│ 及周之衰, 諸侯將踰法度, 惡其害己, 皆去其籍. 至孔子時, 其籍已不全, 故孔子曰: "吾欲觀夏禮, 杞不足徵也. 吾欲觀殷禮, 宋不足徵也. 吾欲觀周禮, 幽, 厲傷也." 幸而魯之史官猶能存之, 故時曰周禮盡在於魯. 孔子猶獲見之, 故自衛反魯而討論之. 所謂定禮者, 定此籍爲經也. 孔子雖定之, 孔子無位, 但私藏而私傳之, 未及大行於世.

│13-49│ 孔子歿而

---

29 『禮記』「禮運」. 『論語』의 다음 구절 참조. "夏禮, 吾能言之, 杞不足徵也; 殷禮, 吾能言之, 宋不足徵也. 文獻不足故也. 足, 則吾能徵之矣."(「八佾」)

상서 구암 황관 선생

환란이 전국시대에 일어나 상하가 제멋대로 행하여 예가 당시에 더욱 혐오의 대상이 되었다. 대개 공자가 산정한 경전은 진나라에서 분서하기 전에 이미 산실되었다. 한문제에 이르러, 비로소 서적의 소지를 금하는 조치가 느슨해지고 서책을 수습하는 대책을 건의하였다. 『예기』의 편장이 공자 유택의 벽에 보관되고 산택에 흩어져 있던 것들이 점차 조금씩 출토되었다. 예를 들면 고당생이 전한 것과 이대가 기록한 것,[30] 『예문지』의 기록 등이 그것이다. 당대와 송대를 거쳐 지금에 이르러, 고례가 더러 보존된 것은 오로지 이것일 뿐이며, 이 외에는 달리 예라고 할 만한 것이 없다. 그러므로 『육경』에서 잔결된 것은 유독 『예기』가 심하다.

微言絶, 壞亂至於戰國, 上下恣橫, 禮益爲當時所惡. 蓋孔子所定之經, 不待秦火秦禁, 先已散亡. 至漢武帝之世, 始弛挾書之禁, 建收書之策, 『禮』之篇章, 藏於孔壁, 散於山澤者, 稍稍漸出, 如高堂生所傳, 二戴所記, 『藝文志』所載, 世歷唐, 宋至今, 云古禮或存者, 惟此而已, 此外更無所謂禮者. 故『六經』殘缺, 惟『禮』爲甚.

| 13-50 | 나는 일찍이 뜻을 두고 스스로 학습한 것 중에 터득하지 못한 점이 있다고 생각하여, 그 원고를 상자에 넣어 두고 때를 기다렸다. 벼슬길로 들어서 더러 나아가고 더러 물러나 남북으로 이리저리 다녔지만, 모두 겨를이 없었다. 기해년에 산림으로 들어온 후, 또한

| 13-50 | 予早嘗有志, 思學諸身者未有所得, 故置其稿於篋中以俟時. 治仕而或出或處, 南北靡常, 皆有未暇. 至己亥投

---

30 高堂生授『禮』, 先以『士禮』十七授蕭奮, 蕭奮授孟卿, 孟卿授後蒼, 後蒼授戴德, 戴聖叔姪, 二戴對禮學造詣尤深, 所編『大, 小戴禮』影響深遠, 而其說皆"源於魯郡之高堂生".(『史記』 「儒林列傳」)

사서와 여러 경전을 완성하지 못하고 의욕을 잃고 있다가 지금에 이르러 비로소 착수하게 되었다. 대개 『예기』라는 경전은 다른 경전과 달리 비록 착란이 있지만 그 경전의 규모는 오히려 엄존하고 있어서 오히려 의거하여 찾아보고 해석해 낼 수 있으니, 그 취지를 구하여 교정하여 정하였다.

|13-51| 『예기』가 산일된 지 오래 되었지만, 고당생과 이대와 『예문지』에 보존되어 있는 남아 있는 죽간이 있다. 그러나 이미 두서가 없어서 무엇이 선왕의 저작이고 무엇이 후세에 지은 것이며, 무엇이 수사가 전한 것이고 무엇이 한유가 부회한 것이며 무엇이 천자·제후·경대부·사·서인의 예인지 분변할 길이 없다. 설령 분변한다 해도 또한 완전할 수 없다. 이제 그 의례 가운데 볼 만한 것과 그 의리 가운데 훈고할 만한 것에 근거하여 열 가운데 하나는 남기고, 미루어 나아가 세세한 귀천의 예에 이르게 하여 종합해서 세 가지로 편집하였다. 몸을 말하는 것들은 모두 몸을 기준으로 삼고, 일을 말하는 것은 모두 일을 기준으로 삼고, 세상을 말하는 것은 모두 세상을 기준으로 삼았다. 이른바 강과 목이란 것은 또한 그 사이의 차례이다. 또한 주자의 『의례경전통해儀禮經傳通解』[31] 여러 편을 취하고 거가에 더 보태어 경전의 강령으로 삼고, 전체를 일러

林之後, 又以四子諸經未完, 蹉跎至今, 始獲措手. 蓋『禮』之爲經, 非若他經, 雖或錯亂, 其經之規模猶在, 尙可依據尋繹, 求其意旨而訂定之.

|13-51| 至於『禮』則散亡日久, 雖有高堂生·二戴·『藝文志』所存遺簡, 然已茫無頭緒, 不知孰爲先王之作, 孰爲後世之爲, 孰爲洙泗之傳, 孰爲漢儒之附會, 孰爲天子·諸侯·卿大夫·士·庶人之禮, 無以辨之. 縱或辨之, 亦不能全. 今但據其儀之可觀, 其義之可訓者, 存其什一, 推而達之纖悉貴賤之禮, 總以三重輯之. 凡言身者, 以身爲類; 凡言事者, 以事爲類;

『예경원고禮經原古』라고 하였다. 『예기』를 배우는 이들로 하여금 본말을 알고 맥락을 찾아서 세 가지 조리로 삼아 큰 근본을 세우고 위대한 경전을 경전으로 삼고 천지의 화육을 도와서 밝은 시대에 조금이라도 도움이 되기를 바란다.

凡言世者, 以世爲類. 所謂綱與目者, 亦次第其間. 又取朱子『儀禮經傳』數篇益之, 以成一經之綱領, 總謂之曰『禮經原古』. 俾學『禮』者知其源委, 尋其脈絡, 以爲三重之條理, 以立大本, 以經大經, 以贊化育, 庶幾或少補於明時云.

---

31 『儀禮經傳通解』, 宋朱子撰. 初名『儀禮集傳集注』. 朱子『乞修三禮劄子』所雲"以『儀禮』爲經, 而取『禮記』及諸經史雜書所載有及於禮者, 皆以附於本經之下, 其列注疏諸儒之說, 略有端緒", 卽是書也. 其劄子竟不果上. 晚年修葺, 乃更定今名. 朱子沒後, 嘉定丁醜始刊版於南康. 凡『家禮』五卷, 『鄕禮』三卷, 『學禮』十一卷, 『邦國禮』四卷, 共二十三卷, 爲四十二篇. 中闕『書數』一篇, 『大射』至『諸侯相朝』八篇尙未脫稿. 其卷二十四至卷三十七凡十八篇, 則仍前草創之本, 故用舊名『集傳集注』.

명유학안 권14,
절중왕문학안4

明儒學案　卷十四,
浙中王門學案　四

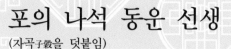

포의 나석 동운 선생
(자곡子穀을 덧붙임)

布衣董蘿石先生澐

【附子穀】

|14-1| 동운董澐은 자字가 복종復宗이고, 호號는 나석蘿石이며, 만년에는 호를 종오도인從吾道人이라 했다. 해염海鹽[1] 사람이다. 시를 잘 지어 강호에 소문이 자자했다. 가정 갑신년(1524) 나이 예순여덟에 회계를 유람하다가 양명이 산중에서 강학한다는 말을 듣고 가서 들었다. 양명이 그와 더불어 여러 날을 연이어 담론하였는데, 선생이 한숨을 쉬며 탄식하였다. "나는 세속의 유자들이 지리하고 자질구레하며 겉모양이나 꾸며서 인형 같은 형상을 하고 있음을 보았다. 그 아래로는 부귀와 이욕의 마당에서 탐욕을 부리고 다투니, 이것이 어찌 진정한 성현의 학문이라고 할 수 있겠는가? 이제 선생님의 양지설을 들으니 마치 큰 꿈에서 깨어난 듯

|14-1| 董澐字復宗, 號蘿石, 晚號從吾道人, 海鹽人. 以能詩聞江湖間. 嘉靖甲申年六十八, 遊會稽, 聞陽明講學山中, 往聽之. 陽明與之語連日夜, 先生喟然歎曰: "吾見世之儒者, 支離瑣屑, 修飾邊幅, 爲偶人之狀. 其下者, 貪饕爭奪於富貴利欲之場, 以爲此豈眞有所爲聖賢

---

1 海鹽縣, 浙江省嘉興市轄縣, 位於浙江省北部富庶的杭嘉湖平原, 東瀕杭州灣, 西南鄰海寧市, 北連平湖市和秀洲區.

하다. 내가 선생님의 문하에 들지 않는다면, 이 세상을 헛사는 것이 될 것이다." 하진[2]을 통해 신하로서 섬기기를 구하자, 양명이 불가하다며 "어찌 선생보다 나이가 많은 제자가 있겠는가?"라고 했다. 선생이 재삼 예물을 바치며 부탁했다. 평일에 시를 짓는 모임의 벗들을 초대하자 "그대는 늙었는데, 어찌 스스로 고난을 택하는가?"라고 했다. 선생이 웃으며 말하기를, "나는 지금 이후로 비로소 고난의 바다에서 떠날 수 있게 되었다. 내가 좋아하는 바를 따를 것이다."라고 하였다. 그리고는 종오(從吾)를 자호로 삼았다. 병술년 세밑에 눈비가 오는데 선생이 행장을 꾸려 나가자 가족들이 말려도 안 되어, 양명과 서사에서 해를 보냈다. 대략 77세에 죽었다. 선생은 늦게야 공부를 시작했으나 마침내 도를 들었다. 도道와 기器가 둘이 없고 비(費: 드러난 것)와 은(隱: 은미한 것)이 일치함을 깨달음에 있어 불교의 공空과 유有를 통해 들어갔다. 그러나 불교는 결국 공에서 헤어나지 못했으니, 이 미세하지만 엄청난 차이를 선생은 분별하였을까?

之學乎? 今聞夫子良知之說, 若大夢之得醒, 吾非至於夫子之門, 則虛此生也." 因何秦以求北面, 陽明不可, 謂"豈有弟子之年過於師者乎?" 先生再三而委質焉. 其平日詩社之友招之曰: "翁老矣, 何自苦!" 先生笑曰: "吾今而後始得離於苦海耳, 吾從吾之好." 自號從吾. 丙戌歲盡雨雪, 先生襆被而出, 家人止之不可, 與陽明守歲於書舍. 若七十七而卒. 先生晚而始學, 卒能聞道. 其悟道器無兩, 費隱一致, 從佛氏空有而入, 然佛氏終沉於空, 此毫釐之異,

---

2 　하정인(何廷仁): 1483-1551. 진(秦)은 처음 이름이고, 자는 성지(性之)이며, 별호는 선산(善山)이다.

▌14-2▐ 동곡董穀의 자는 석포石甫이다. 가정 신축년(1541)에 진사가 되었다. 안의·한양의 지부를 역임하였으나, 대신과 화합하지 못하여 돌아왔다. 어려서 양명의 문하에 들었는데, 양명이 그에게 말했다. "너는 옛 학설에 익숙하여, 나의 말에 대해 달리 생각함이 없지 않다. 의문이 많은 사람이라 해도 무방하니, 너를 위해 의혹을 해소해 주겠다." 선생이 이를 기회로 들은 것들을 기록하여 『벽리의존碧里疑存』을 지었으나, 양명의 뜻을 잃은 것이 많다. 그가 말한 "본성에는 선악이 없다(性無善惡)."는 양명의 "선도 없고 악도 없는 것이 마음의 본체이다(無善無惡心之體)."로서, 마음을 말한 것이지 본성을 말한 것이 아니다. 또 말하기를 "본성의 본체는 비어 있을 뿐이다. 만유가 거기에서 나오므로, 기질이 아름답지 못한 것은 본성이 실로 그리 한 것이다. 전체가 다 본성이고, 본성이 없으면 결코 기질도 없다."라고 했다. 무릇 본성은 이미 선도 없고 악도 없지만, 사람에게 부여되면 선이 있고 악이 있게 되는 것이니, 선악이 모두 뿌리가 없다는 말인가? 사람이 태어나 고요하기 이전이 하나의 성이고, 고요한 이후가 또 하나의 성인가? 또 말하기를, "본성으로 돌아가는 공부는 단지 그림자와 메아리가 모두 없는 것이라는 의미를 체회하고자 하는 것일 뿐이다."라고 했다. 참으

▌14-2▐ 董穀字石甫. 嘉靖辛丑進士. 歷知安義·漢陽二縣, 與大吏不合而歸. 少遊陽明之門, 陽明謂之曰: "汝習於舊說, 故於吾言不無牴牾, 不妨多問, 爲汝解惑." 先生因筆其所聞者, 爲『碧里疑存』, 然而多失陽明之意. 其言"性無善惡", 陽明"無善無惡心之體", 以之言心, 不以之言性也. 又言"性之體虛而已, 萬有出焉, 故氣質之不美, 性實爲之. 全體皆是性, 無性則併無氣質矣." 夫性旣無善無惡, 賦於人則有善有惡, 將善惡皆無根柢歟? 抑人生而靜以上是一性, 靜以後又是一性乎? 又言"復性之

로 이 말과 같다면 유사한 상상에 떨어지지 않음이 없을 것이니, 이른바 본체를 구하여 보고자 하는 잘못이다. 배우는 이들이 선생의 글을 읽고서 모두가 양명에게서 나왔다고 여기니, 또한 양명이 선학을 하였다고 의심하는 것이 어찌 이상한 일이겠는가!

『일성록』

|14-3| 모든 일에서 조그만 생각이라도 더 덧붙이면 안 된다. 조그만 생각이라도 더 덧붙이면 사사롭게 된다.

|14-4| 선사를 따라 천주봉[3]에 갔는데 한 누각이 고명하고 꽃과 대나무가 청려하여 선생이 기뻐하였다. 과거에 일찍이 그 땅을 사려고 하였으나 계약이 성사되지 않아 후회했었다. 이윽고 마음을 바꾸어 말하길, "내가 아까우면 저도 아까워할 것이다. 탐내는 마음이 있어 배려하는 마음이 없었구나."라고 했다. 재삼 사욕을 이기고 주화암 사오 리를 지나자 비로소

功, 只要體會其影響俱無之意思而已". 信如斯言, 則莫不墮於怳惚想像, 所謂求見本體之失也. 學者讀先生之書, 以爲盡出於陽明, 亦何怪疑陽明之爲禪學乎!

『日省錄』

|14-3| 凡事多著一分意思不得. 多著一分意思, 便私矣.

|14-4| 從先師往天柱峰, 一家樓閣高明, 花竹淸麗, 先生悅之. 往日曾以其地求售, 悔不成約. 旣而幡然曰: "我愛則彼亦愛之, 有貪而無恕心矣." 再四自

3　천주봉(天柱峰): 천주봉은 무당산(武當山)·무이산(武夷山)·천주산(天柱山)·안탕산(雁蕩山)·형산(衡山) 등 명산의 주봉이다.

깨끗하게 가라앉았다. 선생이 말하기를, "욕심을 버리기가 이처럼 어렵다."라고 했다.

|14-5| 지금 사람들은 단지 본성을 말하므로, 서로 같고 다른 논의가 있다. 만약 본성을 본다면, 다시 같고 다름을 말할 것이 없을 것이다.

『구심록』

|14-6| 안으로 자신을 보지 않고 밖으로 타인을 보지 않음이 곧 이치에 맡기는 것이다.

|14-7| 천 가지 병과 만 가지 고통이 망상에서 생겨나므로, 잘 배우는 이는 항상 이 마음으로 하여금 아무것도 없는 데 있도록 한다.

|14-8| 잘못을 아는 것은 양지良知이고, 잘못을 고치는 것은 치지致知이다.

|14-9| 공경스레 침묵하면서 다스리는 도리를 깊이 생각하는 것은 다스리는 도리를 깊이 생각하는 것마다 모두 저절로 공경스레 침묵하게 되는 것이지, 공경스레 침묵함으로써 다스림의 도리를 생각하는 것이 아니다. 만약 한 때라도 마음이 도에 있지 않으면 이 마음이 방일해져 공경스레 침묵하는 모습이 없어지게

克, 行過朱華嶺四五里, 始得淨盡. 先生言"去欲之難如此".

|14-5| 今人只是說性, 故有異同之論, 若見性, 更無異同之可言.

『求心錄』

|14-6| 內不見己, 外不見人, 卽是任理.

|14-7| 千病萬痛從妄想生, 故善學者, 常令此心在無物處.

|14-8| 知過卽是良知, 改過卽是致知.

|14-9| 恭默思道, 凡思道者則自然恭默, 非恭默以思道也. 若一時不在道, 則此心放逸, 而恭默之容無矣.

된다.

14-10 단지 사악한 생각을 제거하려고 하는 것이지 반드시 모든 생각을 제거할 필요는 없다. 생각이란 내 마음의 변화이다. 마치 바람·비·이슬·우레와 같이 갖가지로 각기 구별되는 것이 모두 태허이다. 태허는 이것이 아니면 또한 본체가 없게 된다. 이것을 볼 수는 있지만, 실로 작위함이 없으니 또한 어디로부터 볼 것인가!

14-11 단지 터럭만큼이라도 남을 싫어하는 마음이 있으면 곧 공경하지 않는 것이다. 조금이라도 이 마음이 있으면 남이 먼저 나를 싫어할 것이다.

14-12 단지 양지에 의지하면, 예법은 저절로 그 가운데 있게 된다.

14-13 마음에 바라는 바가 없는 것을 일러 도라고 한다.

14-14 본성을 보는 것은 본성이다.

14-15 (당나라 禪師 朝因이) 가라말 소리를 듣고 도를 깨우쳐 그로 인해 모든 번뇌를 깨부수었다.[4] 깨우침은 듣기 전에 있고, 도는 가라말

14-10 但要去邪念, 不必去思, 思者, 吾心之變化也. 正如風·雨·露·雷, 種種各別, 皆是太虛, 太虛非此則亦無體, 此雖可見, 然實無作爲, 亦何從而見之也!

14-11 但有一毫厭人之心, 卽謂之不敬, 稍有此心, 則人先厭我矣.

14-12 但依得良知, 禮法自在其中矣.

14-13 心無所希, 名之曰道.

14-14 見性是性.

14-15 聞驢悟道, 因觸而碎. 悟在聞前, 道在驢外.

밖에 있다.

|14-16| 횡포하고 억지스런 일이 닥치면, 비방하고 헐뜯으며 화내고 욕하는 것에서부터 나아가 도에 심히 어긋나는 데 이르기까지 내가 실로 그것을 활용하여 힘을 얻는 곳이 아님이 없다. 애초에 그것이 미워할 만함을 보지 않으면, 이른바 산하대지가 모두 황금이고 온 세상이 다 약이다.

|14-17| 마음은 체가 없다. 강상윤물 및 형질기용이 마음과 더불어 체가 된다. 삼라만상을 버리면 태허가 없어지게 되고 만사를 버리면 마음이 없어지게 된다. 나누면 사물이 되고 합치면 마음이 되며, 사물을 보면 곧 마음을 보게 되고 사물을 떠나서 마음을 보면 또한 귀신을 보는 것이다. 이것이 등에 그치고 뜰을 거니는 의미이다.[5]

|14-18| 리理가 형체를 이루면, 그로 인해 기氣라고 부르는 것이다.

|14-16| 橫逆之來, 自謗訕怒罵, 以至於不道之甚, 無非是我實受用得力處. 初不見其可憎, 所謂山河大地, 盡是黃金, 滿世間皆藥物也.

|14-17| 心無體也, 綱常倫物·形質器用與心爲體, 舍萬象無太虛, 舍萬事無心矣. 分之則爲物, 合之則爲心, 見物便見心, 離物見心亦是見鬼. 此艮背行庭之義也.

|14-18| 理之成形, 因謂之氣.

4　조인(朝因): 생몰연대가 미상이며 누가에게서 배웠는지도 알 수 없다. 도를 깨치기 전에 줄곧 침묵을 지키며 대중을 따라 할 일을 하다가 홀연히 깨우쳐서 "盡山河大地, 被因禪師一擊百雜碎."라고 읊었다고 한다.

5　"艮其背 不獲其身, 行其庭 不見其人, 无咎."(『周易』「艮卦」)

|14-19| 드러난 곳이 바로 숨어 있는 곳이니, 체와 용으로 볼 필요가 없다.

|14-20| 오성이 규성奎星에 모이니 낙양의 대유가 나왔다.[6] 오성이 실에 모이니 양명의 도가 행해졌다.

『벽리의존』

|14-21| 정자는 "이미 생각하면 곧 이발已發이다."라고 말했다. 정자의 말과 같다면, 존양 공부는 어떻게 착수해야 하는가? 대개 중이라 하는 것은 추구할 수 있는 형상이 없으니, 단지 그 그림자와 소리가 모두 없다는 의미를 체회하면 된다. 태허는 고요하여 친소후박이 없으니,[7] 이것을 일러 중이라 한다. 다만 사람이 이발의 곳에서 성찰의 노력을 가하지 않아서 마침내 조짐이 없는 미발의 때로 하여금 또한 무언가 있다는 병폐를 만들 뿐이다. 양명은 말라리아로 비유했는데, 발동하여 절도에 맞으니 성찰하여 이른 바가 조화를 이미 얻고 본체도 또한 중中을 견지한다. 성찰이 바로 존양이니,

|14-19| 費處卽是隱, 不作體用看.

|14-20| 五星聚奎, 洛大儒斯出. 五星聚室, 陽明道行.

『碧里疑存』

|14-21| 程子曰: "旣思卽是已發." 卽如程子之言, 則存養功夫如何下手? 蓋謂之中者, 無形象可求, 只要體會其影響俱無之意思而已. 太虛寂寥, 無適無莫, 是謂之中. 惟人於已發處不能加省察之功, 遂使未發無朕之時, 亦結成有物之毒. 陽明以瘧喻之, 故發

---

6 송 태조가 건국 초기에 오성이 규(奎)에 모이는 것을 보았는데, 이후로 주돈이(周敦頤) · 정호(程顥) · 정이(程頤) · 사마광(司馬光) · 장재(張載) · 소옹(邵雍) · 주희(朱熹) 등의 제현이 연이어 나왔다고 한다.(『童蒙先習』)

7 "君子之於天下也, 無適也, 無莫也, 義之與比."(『論語』「里仁」)

별도로 존양에 착수할 수 있는 것이 아니다.

| 14-22 | 광대함[費]은 도가 없는 곳이 없음을 말하고, 은미함[隱]은 그 실체가 드러나는 소이이다. 신묘하여 생각할 수 없고 형상과 이치가 나뉘지 않는 것이다.[8] 필부필부라도 알고 행할 수 있으니, 제사의 기물을 따지는 일로부터 도살하고 술파는 일에 이르기까지, 하나의 일에 전심하면 하나의 일을 알고 하나의 일을 감당할 수 있다. 이것은 형이하의 것이다. 성인이 천지의 덕을 가져도 알지 못하고 행하지 못하는 것에 이르면 형체와 기물이 이 이치가 아닌 것이 없어서 특정하게 장악할 수 없다. 이것은 형이상의 것이다. 대개 일은 밝은 리의 다른 이름이니, 일을 말하면 천만 가지로 다르지만, 이치를 말하면 소리와 냄새를 모두 갖추고 있지 않으니, 큰 것이 바로 작은 것이다. 여기에서 간파함이 있으면, 텅 비어 아무것도 걸림이 없어서 솔개가 날고 물고기가 뛰놀아 눈이 닿는 것들이 순조롭게 풀리게 된다.

| 14-23 | 일 가운데 미리 아는 것은 대개 앞뒤

而中節, 省察所致, 和旣得矣, 體亦中焉. 省察卽是存養, 非別有存養可以下手也.

| 14-22 | 費者言道無所不在也, 隱者所以著其實也, 妙不可思, 無象與理之分. 夫婦所能知行, 自籩豆之事, 以至屠沽之事, 專一事則知一事, 能幹當一事, 此形而下者. 聖人天地所不知能, 形器無非是理, 不可控揣, 此形而上者. 蓋事卽理之別名, 語事則千殊萬異, 語理則聲臭俱無, 大的就是小的. 有見於此, 則洞然無物, 鳶飛魚躍, 擧目所在, 可迎刃而解矣.

| 14-23 | 事之所以

8 　"君子之道 費而隱, 夫婦之愚 可以與知焉, 及其至也 雖聖人亦有所不知焉."(『中庸』)

의 때일 뿐이다. 그런데 이치에는 앞뒤가 없어서 만고의 앞이나 천세의 뒤가 동일한 순간일 뿐이다. 오로지 사람이 생각을 하는 것을 기회로 생각이 있는 곳에서 마침내 삶과 죽음으로부터 떨어져 나오면, 이치가 간극 없이 두루 통하는 것이 비로소 맛이 있다. 그러므로 생각을 일으키지 않으면 미리 알 수 있다. 이보다 한 단계 아래는 수로부터 깨닫는 것이니, 수와 이치는 하나로 통하여 다르지 않다. 다만 수로써 추론해 가면 의지하는 바가 있어서, 지극히 성실함만 같지 않다. 지극히 성실한 도는 큰 종과 같아서 소리가 있은 적이 없다가 두드리면 소리가 나는데, 그 소리는 본디 있지 않은 적이 없다. 수는 사용하면 알고 사용하지 않으면 모른다. 이미 앎과 연관되면 생각과 연계됨을 면치 못한다. 그러므로 사용하면 곧 둘에 가깝게 되고, 아는 것은 알지 못하는 것이 뛰어남만 같지 않게 된다.

前知者, 蓋前後時耳. 而理無前後, 萬古而上, 千世而下, 同一瞬耳, 惟因人之有念, 則念之所在, 遂隔生死, 而理之通達無間者始味矣. 故不起念, 便能前知. 下此一等, 則由數而得, 數與理通一無二, 但以數推則有所倚, 故不如至誠. 至誠之道如洪鐘, 未嘗有聲, 由扣乃有聲, 而其聲固未嘗無也. 數用則知, 不用則不知. 然既涉於知, 則未免係念, 故用便近二, 知不如不知之爲愈也.

| 14-24 | 『진택어록震澤語錄』[9]에는 배우는 이가

| 14-24 | 『震澤語

---

9   『진택어록(震澤語錄)』: 왕빈(王蘋, 1082-1153)의 『진택기선록(震澤記善錄)』이다. 왕빈은 복청(福淸) 용산(龍山) 사람으로, 자는 신백(信伯)이다. 고종(高宗)이 평강(平江, 지금의 강소성 吳縣)에 머물 때 평강수신(平江守臣) 손우(孫佑)가 천거하여 우적공랑(右迪功郎)에 제수되었다. 후에 비서성(秘書省) 정자(正字) 겸 사관교감(史館校勘)에 임명되고, 벼슬이 자봉낭(左奉郎)에 이르렀다. 정이(程頤)의 문하에 들어가 그의 이학을 계승하였다. 임광조(林光朝)·임조지(林亦之)·진조(陳藻)와 함께 해구(海口) 용

'천하가 인에 귀착하려면[天下歸仁]¹⁰ 먼저 사물四勿¹¹에 종사해야 하며 오래되면 저절로 보게 될 것이지요?'라고 질문하였다. 선생께서 말했다. "본래 그렇다. 자신에게서 구하면 곧 안다." 범백달이 물었다. "천하가 인에 귀착하는 것은 단지 사물이며, 사물은 모두 나의 인으로 귀착합니다." 선생께서 창문을 가리키며 말했다. "이것도 인에 귀착하지 않는가?" 범백달이 아무 말도 못했다. 그 후에 진제지(齊之)¹²의 시에 이런 구절이 있다. "대해는 높아서 수많은 거품을 일으키고, 형체는 비록 다르지만 결국 같이 흐른다. 바람과 거품이 생겨나지 않을 때 단서는 어떠한가? 이때 반드시 철두철미해야 한다." 대개 인仁의 특성은 정결하고 정미하여, 이른바 "하늘이 [만물을] 싣는 것은 소리도 없고 냄새도 없다."는 것이니 추호도 얽매임을 허용

錄』載學者問天下歸仁, 先須從事四勿, 久當自見. 先生曰: "固是. 然自要便見得." 范伯達問曰: "天下歸仁只是物, 物皆歸吾仁." 先生指窗問曰: "此還歸仁否?" 范默然. 其後陳齊之有詩云: "大海因高起萬漚, 形軀雖異總同流. 風漚未狀端何若? 此際應須要徹頭." 蓋仁之體段潔淨精微, 所謂"上天之載, 無聲無臭",

---

강서원(龍江書院)에서 강학하여 낙학(洛學)이 복건(福建)에 전파되는 데 큰 역할을 하였다. 저서에 『주역전(周易傳)』, 『논어집해(論語集解)』 등이 있다. 주희는 왕빈에 대해 "不過一識伊川之面, 而所記都差."(『宋元學案』 卷二十九, 『震澤學案』)라고 비평했다.

10 "克己復禮爲仁. 一日克己復禮, 天下歸仁焉."(『論語』 「顏淵」)

11 "非禮勿視, 非禮勿聽, 非禮勿言, 非禮勿動."(『論語』 「顏淵」)

12 재지(齊之): 진장방(陳長方, 1108-1148)의 자이다. 진장방은 복주(福州) 장락(長樂) 사람이다. 소흥(紹興) 연간에 진사가 되어 강음군학교수(江陰軍學敎授)에 임명되었다. 모친이 오중(吳中) 임씨(林氏)의 딸이었으므로 마침내 오중에 거하면서 왕신백(王信伯)과 교유하였다. 은거하며 문을 닫아걸고 경사(經史)를 궁구하면서 가르쳤다. 그 학설은 "直指以開人心"을 주로 하고 학생들로 하여금 자득하도록 하였다. 저술에 『보리객담(步裏客談)』·『상서전(尙書傳)』·『춘추전(春秋傳)』·『예기전(禮記傳)』·『양한론(兩漢論)』·『당론(唐論)』·『상채어록변증(上蔡語論辯證)』 등이 있다.

하지 않는다. 얽매이면 곧 죽어서 인이 숨어 버린다. 이제 터득하지 못하는 것은 단지 얽매이는 생각을 잊지 못하기 때문이니, 마음을 일으켜 생각하자마자 크게 어긋난다. 범백달이 아무 말도 못한 것은 생각이 잇달아 일어나 의심이 생겨난 데 병통이 있으니, 결국 여기에서 죽은 것이다. 창문은 나의 인에 귀착하지 않은 적이 없는데, 내가 스스로 막을 뿐이다. 얽매임이 생겨나지 않으면 곧 바람과 거품이 일어나지 않을 때의 모습이다. 대개 정은 만사에 순응하면 정이 없게 되므로, 얽매임이 생겨나지 않는다. 만약 일을 두려워하여 일이 없기를 추구하면, 얽매임이 더욱 많아진다.

|14-25| 『진택어록震澤語錄』에서 범원장[13]이 "이것은 단지 도의 본체가 무궁하다는 것이다."라고 말했다. 선생이 말하길, "도의 본체가 어떤 것인가? 사람에게서는 어떻게 그것을 아는가? 모름지기 함영涵泳해야 비로소 자득할 수 있다."라고 했다. 진제지의 시에 이런 구절이 있다. "고요히 핀 꽃에 꽃술이 어지러워 붉고 푸름을 다투니, 누가 바람과 햇빛이 잠시도 멈추지 않는다는 것을 믿겠는가. 이를 보고 과

不容一毫粘帶, 粘著卽死而仁隱矣. 今所以不能便見得者, 止因粘帶之念不忘, 起心思索, 卽差千里. 范之所以默然者, 病在於轉念生疑, 遂死於此. 窗未嘗不歸吾仁, 而吾自捍格之耳. 粘帶不生, 卽風漚未狀時景象. 蓋情順萬事而無情, 卽是粘帶不生. 苟畏事而求無事, 則粘帶益多矣.

|14-25| 『震澤語錄』范元長曰: "此只是道體無窮." 先生曰: "道體有多少般? 在人如何見? 須是涵泳, 方有自得." 陳齊之有詩云: "開花亂蕊競紅靑, 誰信風光不暫停. 向此

---

13 범원장(范元長): 정이(程頤)의 문인이다. 이 대목은 공자가 냇가에서 "逝者如斯夫! 不舍晝夜."(『論語』「子罕」)라고 한 말에 대해 범원장이 도체가 무궁함을 표현한 것이라고 해석한 부분에 대한 논의이다.

연 흘러가는 것을 아는 이는, 모름지기 감촉하는 곳에서 상응함을 다할 것이네." 대개 도의 본체는 바로 이 인仁이다. 인은 단지 한 덩어리의 낳고 낳는 뜻이며, 그 요체는 신독에 근본한다. 신독하여 소리도 없고 냄새도 없는 하늘에 돌아가면, 만물이 한 몸이 되어 순일하고 또한 그침이 없게 된다. 여기에 이르면 정결하고 정미하여 얽매임이 생겨나지 않고 아득하여 짐작함이 없어도 완연하게 볼 수 있다. 성인은 물을 본 것이 아니라 바로 자신의 마음을 본 것이다. 천하에 본성 밖의 사물은 없어서, 감촉하는 곳에서 상응하면 비록 반석을 만나도 또한 밤낮으로 그치지 않을 것이니, 어찌 반드시 물이어야 하겠는가? 본성이란 천지만물의 한 근원이니, 리理가 바로 그것이다. 애초에는 본래 이름이 없었고, 모두가 사람이 스스로 부른 것이다. 그것이 저절로 그러하므로 하늘이라 부르고, 맥락이 분명하므로 리라 부르며, 사람이 품수받은 것이므로 본성이라 부른다. 하늘을 낳고 땅을 낳고 사람을 낳고 만물을 낳는 것이 모두 이것일 뿐이다. 지극히 비어 있고 지극히 영활하며 소리도 없고 냄새도 없으며 오로지함도 없고 미워함도 없으니, 선善이라는 글자도 말하는 것을 용납하지 않는다. 그러나 그 선도 없고 악도 없는 곳에서 지극한 선의 소재를 바로잡았으니, 바로 이른바 미발의 중이다. 본원을 끝까지 미루어 나가면

果能知逝者, 便須觸處盡相應." 蓋所謂道體, 卽是仁也. 仁只是一團生生之意, 而其要本於愼獨, 愼獨而還其無聲無臭之天, 則萬物一體而純亦不已矣. 至此則潔淨精微而粘帶不生, 杳無朕作而宛然可見. 聖人非見水, 乃自見其心也. 天下無性外之物, 而觸處相應, 雖遇盤石亦不舍晝夜矣, 豈必川哉? 性者, 天地萬物之一原, 卽理是也. 初本無名, 皆人自呼之. 以其自然, 故曰天; 脈絡分明, 故曰理; 人所稟受, 故曰性. 生天生地, 爲人爲物, 皆此而已. 至虛至靈, 無聲無臭, 非惟無惡, 卽善字亦不容言. 然其無善無惡處, 正其

비록 하늘에도 미발의 중이 있으니, 바로 사물에 부여되지 않은 때가 그것이다. 이미 부여되면 가지런하지 않으니 음양이 있고 홀짝이 있는 것은 저절로 그러한 현상이다. 하늘과 땅은 무심하게 조화를 이루어 복잡한 모습을 함께 부여하니, 어찌 아름다움과 추악함의 구분이 있겠는가? 요컨대 아름다움과 추악함이라는 호명은 또한 인심이 어기거나 따르고 사랑하거나 증오하는 사이에서 생겨날 따름이다. 그러므로 사람에게서 본성은 아름다움과 추악함이 없을 수 없지만, 사람이 태어나 고요할 때 이전은 이른바 하늘의 본성으로서 리의 본래 모습이니 아름다움과 추악함으로써 더하거나 덜어 내지 않는다. 비록 매우 악한 사람이라도 또한 스스로 알지 못한 적이 없다. 사람이 그 선도 없고 악도 없으며 태어나 고요한 본체를 온전히 할 수 있으면, 바로 진정한 본성이요 지극한 선이다.

|14-26| 주자는 리와 기를 둘로 나누고 본성에서 선하지 않은 것을 기질 탓으로 귀결시켰으니, 기질이 아름답지 않은 것은 실로 본성이 그렇게 한 것임을 알지 못했다. 전체가 본성이며, 본성이 없으면 결코 기질도 없으니, 하물며 아름다움과 추악함이겠는가? 본성의 본체

至善之所在也, 卽所謂未發之中也. 窮推本始, 雖在天亦有未發之中, 卽未賦物時是也. 旣賦卽有不齊, 乃陰陽奇偶, 自然之象. 天地無心而成化, 雜然並賦, 豈有美惡之分? 要之美惡之名, 亦起於人心違順愛憎之間云爾. 故性之在人, 不能無美惡, 然人生而靜以上, 所謂天之性者, 理之本然, 不以美惡而增損, 雖甚惡之人, 亦未嘗不自知之也. 人能全其無善無惡・人生而靜之本體, 斯眞性矣, 斯至善矣.

|14-26| 朱子析理氣爲二物, 以性之不善歸咎於氣質, 而不知氣質之不美, 性實爲之. 全體皆是性無性則幷無氣質矣,

는 텅 비어 있을 뿐인데 만물이 거기서 나온다. 성인은 인의예지신의 설을 말한 적이 없는데, 맹자에 이르러 처음으로 사단을 말했고, 송유는 또한 그것을 오행에 나누어 귀속시켰는데, 한대에 이미 나누어 귀속시켰지 송대에 시작된 것이 아니다. 견강부회를 면하지 못했다. 더욱이 하늘 또한 사시가 있는 것이 아니라 음양이 세분된 것일 뿐이다. 음양도 두 가지 것이 아니라 일기一氣의 굴신일 뿐이다. 그러므로 선천은 오로지 일기이고, 기는 오로지 일리一理이고, 리는 오로지 일성一性이며, 성은 오로지 일허一虛이다.

|14-27| 이른바 도란 하나의 사물로서 있는 것이 아니라 단지 하나의 온전히 순수한 것일 뿐이다. 문인들은 오히려 성인이 숨긴다고 의심하여, 추측하고 끝없이 추구하지 않음이 없지만, 바로 순수하지 않게 되는 병폐에 걸렸다. 성인은 말하길 "나는 숨기지 않는다."라고 했다. 나는 무슨 일이든 너희에게 보여 주지 않은 것이 없으니, 단지 하나의 공구孔丘일 뿐이다. 이 한 몸 외에 다시 무엇이 있겠는가?

|14-28| 성학性學이 지리한 데 빠진 것은 마음과 본성과 감정과 재능에 얽매여서 명색이 많아서 그리 된 것이다. 결국 하나의 본성이지

況美惡乎? 性之體, 虛而已, 而萬有出焉. 聖人未嘗有仁義禮智信之說也, 至孟子始言四端, 宋儒又以之分屬五行, 漢已分屬, 不始於宋. 未免牽合附會. 且天亦非有四時, 乃陰陽細分耳. 陰陽亦非二物, 乃一氣屈伸耳. 故先天惟一氣, 氣惟一理, 理惟一性, 性惟一虛.

|14-27| 所謂道者, 非有物也, 只是一個乾淨得緊. 門人却疑聖人有隱, 無非推測·馳求, 正坐不乾淨之病. 聖人曰: "吾無隱乎爾!" 吾無所往而不顯示於汝者, 止是一個孔丘而已, 此軀之外, 更何有哉!

|14-28| 性學之所以流於支離者, 因泥於心性情才, 名色多

애초에 두 가지 것이 있지 않음을 모르는 것이다. 가령 측은이라는 말은 본성에서 나온 것인데, 차마 하지 못한다는 말은 은미한 데서 드러난 데로 나아가 확충하면 인이 되는 것이지 인仁이 안에 있어서 단서가 밖으로 드러나는 것이 아니다. 나머지도 마찬가지다.

|14-29| 인의예지는 바로 지각운동이 오묘한 곳이다.

|14-30| 주자가 말했다. "혼연한 가운데 모든 이치가 다 갖추어져 있다." 요컨대 배우는 이들이 잘 살펴야 하는 곳이니, 만약 참으로 수많은 이치가 있다고 하면 잘못된 것이다.

|14-31| 태상시 호수부胡秀夫가 『대성악大成樂』을 보고서 처음으로 음악소리[金聲玉振]**14**가 주석에서 말한 바와 같지 않음을 깨달았다. 대개 음악은 하나의 소리에 따라 여덟 음이 함께 일어나 일제히 울리고 일제히 그쳐서 중단을 허용하지 않는다. 그러나 반드시 처음에는 쇠북을 맞추고 나중에는 석경을 맞추어서 여덟 음을 합하여 하나의 소리를 이루므로, 쇠와 돌이

而致然也. 不知總是一性, 初非二物, 如惻隱字, 乃所性發, 而不忍之名, 從微至著, 充之則爲仁, 非是仁在中而緒見外也. 餘倣此.

|14-29| 仁義禮智, 卽是知覺運動之妙處.

|14-30| 朱子言"渾然之中, 萬理畢具". 要在學者善觀, 如以爲眞有萬理, 則誤矣.

|14-31| 胡太常秀夫, 因閱『大成樂』, 始悟金聲玉振, 非如註之所云也. 蓋樂按一聲, 八音並作, 齊起齊止, 不容斷續. 然必始編鐘而末編磬, 合八音而成一聲, 故

---

14 금성(金聲)은 종(鐘)소리, 옥진(玉振)은 경(磬)소리이다. 음악에서 팔음(八音)을 합주할 때, 먼저 종을 쳐서 그 소리를 베풀고 마지막에 경을 쳐서 그 운(韻)을 거두어들여 주악(奏樂)을 끝내는 것을 말한다.

두 가지 음이지만 서로 떨어져 있는 것이 단지 아주 작은 사이일 뿐이다. 이미 잘 합쳐져야 하고, 또한 순수해야 하며, 또한 뚜렷하고 이어져야 하며, 또한 반드시 쇳소리로부터 점차 돌소리로 나아가야 하니, 그래서 어려운 것이다. 조리라 한 것은 이미 순서가 있고, 또한 조화를 이루어 아름답고, 더욱이 분명하다는 것이다. 대개 음악에서 하나의 소리를 내면 반드시 한 글자를 주로 한다. 예를 들면 "대재선성大哉宣聖"과 같은 부류가 그렇다. '대大'자는 이처럼 조리가 있어야 한다는 것이고, '재哉'자 또한 이처럼 조리가 있어야 한다는 것이다. 글자 하나하나가 구슬꿰미처럼 서로 연계되어 있어 어색해서 단절되는 것을 허용하지 않으니, 이것을 일러 이어진다고 한다. 먼저 종을 치고 나중에 경을 치니, 무슨 어려움이 있겠는가? 하물며 단종과 특경[15]은 옛날에는 없던 악기이고, 주악의 시작과 끝은 바로 축어[16]이다.

金石二音, 相去但有毫釐之間. 既要翕如, 又要純如, 又要皦如·繹如, 又必自金以漸而至石, 所以爲難. 條理云者, 既循序, 又和美, 且分明也. 蓋樂作一聲, 必主一字, 如"大哉宣聖"之類, '大'字要如此條理, '哉'字亦要如此條理, 字字相連如貫珠, 不許生澀而間斷, 謂之繹如. 若先擊鎛鐘, 後擊特磬, 何難之有! 況鎛鐘·特磬, 古無是器, 而樂之起止, 乃是柷敔也.

---

15 단종(鎛鐘)은 특종(特鐘)이라고도 하는데, 국악에서 주악을 시작할 때에 치는 종이다. 한 가자(架子)에 큰 종 한 개를 단다. 특경(特磬)은 석부에 속하는 타악기로, 가경(歌磬)이라고도 한다. 특경은 큰 돌 하나를 가자에 매달고 제례악의 등가에서 음악이 그칠 때 쓰고, 음악을 시작할 때 쓰는 특종과 한 쌍을 이룬다.

16 '축(柷)'과 '어(敔)'는 음악 연주의 시작과 끝을 알리는 용도로 사용된 악기라고 한다. '柷圄' 또는 '柷敔'라고도 쓴다. 한나라 때 순열(荀悅)이 편찬한 『한기(漢紀)』「무제기오(武帝紀五)」의 기록에 따르면, 나무로 만든 타악기의 일종인 듯하다.

주사 원정 육징 선생

主事陸原靜先生澄

|14-32| 육징陸澄은 자字가 원정原靜이고 또 다른 자는 청백淸伯이며, 호주부 귀안현[1] 사람이다. 정덕 12년(1517) 진사가 되었다. 형부주사를 제수받고 대례大禮가 부합하지 않는다고 논해서 파직되어 귀향했다. 나중에 이전의 논의가 잘못되었음을 후회하여 다음과 같이 진언했다. "신이 학문이 얕고 짧아서 함부로 부화뇌동하였습니다. 신의 스승 왕수인에게 질정하여 비로소 정론을 얻었습니다. 신은 감히 본심을 스스로 숨기지 못하고 삼가 이전의 잘못을 밝혀 하늘이 내리는 벌을 받고자 합니다." 원래 관직을 회복시키는 조서를 내렸다. 『명륜대전明倫大典』이 완성되자 임금이 선생의 이

|14-32| 陸澄字原靜, 又字淸伯, 湖之歸安人. 正德丁丑進士. 授刑部主事, 議大禮不合, 罷歸. 後悔前議之非, 上言 "臣以經術淺短, 雷同妄和, 質之臣師王守仁, 始有定論. 臣不敢自昧本心, 謹發露前愆, 以聽天誅". 詔復原官. 『明倫大典』成, 上見先生前

---

1 귀안현(歸安縣)은 옛 지명으로, 지금의 절강성 호주시(湖州市)이다. 북송 태평흥국 7년(982) 오월국의 귀순을 축하하기 위해 호주부(湖州府) 오정현(烏程縣) 동남쪽 15개 향을 귀안현(歸安縣)으로 배정했다.

전 소를 보고 반복되는 것을 싫어하여 마침내 배척하고 등용하지 않았다. 선생은 병이 많아 양생에 종사했다. 왕수인이 그에게 덕을 기르고 몸을 기르는 것은 단지 하나의 일이고, 참으로 계신공구할 수 있으면 신神이 머물고 기氣가 머물고 정精이 머무르게 되니 장생구시의 설이 또한 그 가운데 있다고 말했다. 왕수인의 학문에 대해 논하는 자가 있었는데, 선생이 여섯 조목으로 반박하는 글을 올리려 하자 왕수인이 듣고 제지했다. 『전습록傳習錄』에서 인이 시작하는 곳을 말하는 부분부터 그다음은 선생이 기록한 것이다. 붕우들이 보고서 이 때문에 깨달은 바가 많았다. 대개 여러 조목이 모두 절실한 물음이니, 선생이 아니면 아무도 이처럼 토로하려 하지 않을 것이고, 토로해도 또한 이처럼 곡진하고 상세하게 다하지 못할 것이다. 그러므로 양명이 말하기를, "내가 죽으면 나의 도가 더욱 외로워질 것인데, 원정에게 기대하는 바가 작지 않다."고 했다. 부친상을 치르면서 슬픔으로 실명했다. 서학모²가 선생의 복직을 주장하는 소를 올렸는데, 등용을 희

疏, 惡其反覆, 遂斥不用. 先生以多病, 從事於養生, 文成語之以養德養身, 只是一事, 果能戒愼恐懼, 則神住·氣住·精住, 而長生久視之說, 亦在其中矣. 有議文成之學者, 先生條爲六辨, 欲上奏, 文成聞而止之. 『傳習錄』自曰仁發端, 其次卽爲先生所記. 朋友見之, 因此多有省悟, 蓋數條皆切問, 非先生莫肯如此吐露, 就吐露亦莫能如此曲折詳盡也. 故陽明謂: "曰仁歿, 吾道益孤, 致望原靜者不淺." 執父喪,

---

2　서학모(徐學謨): 1521-1593. 명대 관원으로, 자는 숙명(叔明)이고 호는 태실산인(太室山人)이며 원명은 학시(學時)이다. 남직예(南直隸) 소주부(蘇州府) 가정(嘉定, 현재 上海) 사람이다. 가정 29년(1550) 진사가 되어 병부주사(兵部主事)를 제수받았다. 형주지부(荊州知府)와 좌부도어사(右副都禦史)를 거쳐 예부상서(禮部尙書)에 이르렀다. 시문에 뛰어나 "制作巨手"로 불렸다. 저서에 『世廟識餘錄』·『萬曆湖廣總志』 등이 있다.

구하는 생각을 이기지 못하고 어떻게든 시대의 유행에 맞추려 하였다. 이는 소인의 마음으로 군자의 속을 헤아린 것이다. 대저 세상 유자들의 논의는 지나치게 천하를 중시하여 본심이 편안히 여기는 바로 돌아오지 않는다. 영가(永嘉: 徐學謨?)의 『혹문或問』에서 "천하는 외물이고, 부자는 천륜이다. 고수가 살인하면 순임금을 몰래 업고서 도망갈 것이니, 아버지가 있는 것만 알고 천하가 있음을 알지 못했다."라고 하였는데, 성인이 다시 나와도 이 말을 바꾸지 않을 것이다. 양명이 말한 심즉리는 바로 이런 데서 본 바가 있는 것이다. 세상 유자들은 리가 천지만물에 있다고 여기므로 이전 시대를 끌어들여 준칙을 구하고자 하니, 그래서 격차가 심할 따름이다. 선생은 처음에는 세상의 논의에 갇혀 있었으나, 이윽고 이치가 밝아지고 장애가 제거되어 이전의 논의를 썩은 흙덩이같이 보았다. 양명은 영가가 소인이어서 말로 책망할 수준에 해당하지 않음을 알았다. 그러므로 영가는 논의가 고상한 것을 추구한다는 비판에 연루되지 않았다. 선생은 이미 평가받는 대열을 거쳤기 때문에 잘못을 알면 고쳐서 사람들로 하여금 다 우러르게 하였으니, 어찌 혐의를 마땅히 피해야 한다는 것을 알지 못했겠는가? 또한 자신의 마음을 스스로 믿었을 뿐이다. 학모는 그것을 비속한 정리로 헤아렸으니, 천하에 비난과 칭송을 돌아보지

哀毀失明. 徐學謨以先生復官一疏, 不勝希用之念, 曲逢時好, 此以小人之心, 度君子之腹者也. 大抵世儒之論, 過以天下爲重, 而不返其本心之所安. 永嘉『或問』: "天下外物也, 父子天倫也, 瞽瞍殺人, 舜竊負而逃, 知有父而不知有天下也." 聖人復起, 不易斯言. 陽明所謂心卽理也, 正在此等處見之. 世儒以理在天地萬物, 故牽挽前代以求準則, 所以懸絕耳. 先生初錮於世論, 已而理明障落, 其視前議猶糞土也. 陽明知永嘉之爲小人, 不當言責, 故不涉論爲高. 先生已經論列, 知非改過, 使人皆仰, 豈不知嫌疑之當

않는 사람이 있어 그 옆에서 아연해서 웃는다
는 것을 알지 못했다.

避哉? 亦自信其心
而已. 學謨準之以
鄙情, 不知天下有不
顧毁譽者, 咥然笑其
旁也.

주사 원정 육징 선생

상서 약계 고응상 선생

尚書顧箬溪先生應祥

|14-33| 고응상(顧應祥, 1483-1565)은 자字가 유현惟賢이고 호는 약계箬溪이며, 절강성 호주湖州 장흥長興 사람이다. 홍치 18년(乙丑, 1505) 진사가 되었다. 요주부 추관에 임명되었다. 도원동 도적떼가 난을 일으켜 낙평樂平을 약탈하면서 [주민들에게] 떠나라고 명령하였는데, 선생이 단신으로 도적떼를 나무라며 명령을 내리자 도적떼가 해산하였다. 금의위경력으로 들어갔다가 광동영동도사로 나가서 평정平汀·장구漳寇·해구海寇·침郴·계구桂寇를 토벌하여 반년 동안에 세 차례 승전하였다. 신호의 반란이 평정되자 강서부사로 전직되어, 남창을 나누어 다스리고 인민의 고통을 어루만지고 유망민들을 불러 모았으니, 모두가 사후처리를 잘한 일이었다. 원마시경苑馬寺卿을 역임했다. 모친상을 치르며 뒷일을 기약하지 않고, 15년 동안 집에 머물렀다. 다시 원래 직임을 맡았다.

|14-33| 顧應祥字惟賢, 號箬溪, 湖之長興人. 弘治乙丑進士. 授饒州府推官. 桃源洞寇亂, 掠樂平令以去, 先生單身叩賊壘, 出令, 賊亦解去. 入爲錦衣衛經歷, 出僉廣東嶺東道事, 討平汀, 漳寇, 海寇, 郴, 桂寇, 半歲間三捷. 宸濠亂定, 移江西副使, 分巡南昌, 撫循瘡痍, 招集流亡, 皆善後事宜. 歷苑馬寺卿. 奔母喪, 不候代,

당시 원강을 정벌하자는 논의가 있었는데, 선생은 외로운 처지여서 곤경을 해결할 수 없었다. 마침 병부시랑이 되어 남쪽으로 갔다. 나중에 온 이들이 군대를 일으켰는데, 포정 서파석이 거기서 죽었다. 가정 경우에 형부상서로 승진했다. 선생은 관례가 번잡하다고 여겨 사례에 따라 임의로 조정했는데, 조중曹中에서 우린于鱗·원미元美를 포상하여 선발했고, 이로 인해 천하에 이름을 알렸다. 분의현에서 정부에 있을 때 동년배들이 감히 어깨를 나란히 하지 못했다. 선생은 노인네로 자처하자 분의 사람들이 좋아하지 않아서 원래 관직으로 남경으로 갔다. 계묘년에 사직하였고, 또 12년에 죽으니 향년 83세였다.

|14-34| 선생은 독서를 좋아하여 구류백가를 모두 처음부터 끝까지 다 알았고 특히 산학에 정통하였다. 지금 전하는 『측연해경測淵海鏡』·『호시산술弧矢算術』·『수시력촬요授時曆撮要』는 모두 그가 지은 것이다. 어려서 양명에게서 배웠다. 양명이 죽자 선생이 『전습속록傳習續錄』을 보고 문인의 문답이 마음에 맞지 않는 게 많아서 『전습록의傳習錄疑』를 지었다. 용

家居者十五年. 再起原任. 時方議征元江, 先生以邪鑑孤豚, 困獸不可急. 會遷南兵部侍郎以去. 後至者出師, 布政徐波石死焉. 嘉靖庚戌, 陞刑部尙書. 先生以例繁, 引之者得意爲出入, 命郎官吳維岳, 陸穩定爲永例, 在曹中獎拔于鱗, 元美, 由是知名天下. 分宜在政府, 同年生不敢鴈行. 先生以耆舊自處, 分宜不悅, 以原官出南京. 癸丑致仕, 又十二年卒, 年八十三.

|14-34| 先生好讀書, 九流百家皆識其首尾, 而尤精於算學. 今所傳『測淵海鏡』, 『弧矢算術』, 『授時曆撮要』, 皆其所著也. 少受業於陽明. 陽明歿, 先生見『傳

계龍溪의 『치지의략致知議略』에 대해서도 의심스런 부분을 뽑아서 따졌다. 대체로 말하기를, "양지란 본성이 발한 것으로, 일용 사이에 생각이 처음 발동할 때 혹은 선하기도 하고 혹은 악하기도 하며 혹은 공적이기도 하고 혹은 사적이기도 한데, 어찌 스스로 알지 못하는가? 부당하다는 것을 알면서도 하는 것은 사욕의 마음이 심하고 스스로를 헤아리는 마음이 어두워진 것이다. 진실로 하나의 생각이 일어날 때 그것이 악하다는 것을 살핀다면, 맹렬히 성찰하여 힘써 제거한다. 하나의 악한 생각을 제거하면 하나의 선한 생각이 생겨날 것이다. 생각마다 악한 것을 제거하고 선한 것을 행한다면 생각이 일어나는 것과 마음이 보존되는 것이 모두 천리일 것이니, 이것을 일러 지행합일이라고 한다. 아는 것은 어렵지 않고 행하는 것이 어렵다. 이제 '성인의 학문은 치양지일 뿐이다. 사람마다 모두 성인이 될 수 있다. 내 마음에 저절로 하나의 성인이 있으니, 저절로 효도할 수 있고 저절로 공경할 수 있다.'고 한다. 그런데 사려가 은미한 가운데 취사할 때에 따지지 않고서 의향대로 하면서, '이것이 나의 양지이다.'라고 한다. 지행합일이라는 것이 참으로 이와 같겠는가?"라고 하였다.

習續錄』, 門人問答多有未當於心者, 作『傳習錄疑』. 龍溪『致知議略』亦摘其可疑者辨之. 大抵謂: "良知者, 性之所發也, 日用之間, 念慮初發, 或善或惡, 或公或私, 豈不自知之? 知其不當爲而猶爲之者, 私欲之心重而恕己之心昏也. 苟能於一起之時, 察其爲惡也, 則猛省而力去之, 去一惡念, 則生一善念矣. 念念去惡爲善, 則意之所發, 心之所存, 皆天理, 是之謂知行合一. 知之非難, 而行之爲難. 今曰'聖人之學, 致良知而已矣. 人人皆聖人也, 吾心中自有一聖人, 自能孝, 自能弟'. 而於念慮之微, 取舍之際, 則未之講, 任其

| 14-35 | 선생의 말은 양명의 "선을 알고 악을 아는 것이 양지이고, 선을 행하고 악을 제거하는 것이 격물이다."라는 것을 기준으로 삼은 것이다. 그러나 양명이 지적한 선을 알고 악을 안다는 것은 원래 출발점에서 말한 것이 아니고, 단지 선을 알고 악을 아는 것이 저절로 그러한 본체임을 밝힌 것이다. 그러므로 또 말하기를 "양지는 미발의 중이다."라고 했다. 만약 발동하는 때에 대해 인식하여 취한다면 선악이 뒤섞여 끝내 명료할 수 없을 것이니, 생각마다 헤아려 보지 않고 마음에 비추어 보지 않으면 또한 원망과 욕망을 극복할 수 없을 것이다. 그가 지행을 끝내 두 가지로 보았으니, 모두 사문의 종지가 아니다.

意向而爲之, 曰'是吾之良知也'. 知行合一者, 固如是乎?"

| 14-35 | 先生之言, 以陽明"知善知惡是良知, 爲善去惡爲格物"爲準的, 然陽明點出知善知惡原不從發處言, 第明知善知惡爲自然之本體, 故又曰: "良知爲未發之中." 若向發時認取, 則善惡雜揉, 終是不能清楚, 卽件件瞞不過照心, 亦是克伐怨欲不行也. 知之而後行之, 方爲合一. 其視知行終判兩樣, 皆非師門之旨也.

시랑 치재 황종명 선생

侍郎黃致齋先生宗明

|14-36| 황종명(黃宗明, ?-1536)은 자字가 성보誠甫이고 호는 치재致齋이며, 영파 은현鄞縣 사람이다. 정덕 갑술년(1514) 진사에 급제하고 남경 병부주사를 제수받았고 원외랑으로 승진했다. 임금의 남방 원정에 대해 간하고, 고향으로 돌아가기를 청했다. 공부낭중을 제수받았으나 나아가지 않았다. 가정 계미년(1523) 남형부에 임명되었다. 장부경[1]이 대례를 논하자 조정에서 간사하다고 배척했는데, 선생만이 유독 이렇게 말했다. "임금의 대통을 잇는 것[繼統]은

|14-36| 黃宗明字誠甫, 號致齋, 寧波鄞縣人. 登正德甲戌進士第, 授南京兵部主事, 陞員外郎. 諫上南巡, 請告歸. 除工部郎中, 不起. 嘉靖癸未補南刑部. 張孚敬議大禮, 在廷斥爲奸邪, 先生獨

1 　장부경(張孚敬): 장총(張璁, 1475-1539). 자는 秉用이고 호는 羅峰이며 절강성 온주부(溫州府) 영가(永嘉, 현재 溫州市 龍灣區 普門村) 사람이다. 가정 연간에 조정의 중신으로, 명조 대개혁의 선구이며, "大禮議" 사건의 중요인물이다.

　　明朝大改革的開啓者. 因避諱由世宗欽賜名爲孚敬, 字茂恭. 官至內閣首輔. 世稱"張閣老", 因在位期間淸廉奉公, 又被賜稱爲"太師". 卒諡文忠. 著有『禮記章句』,『大禮要略』,『羅山奏疏』,『羅山文集』,『正先師孔子祀典集議』,『金滕辨疑』,『杜律訓解』,『欽諭錄』,『諭對錄』,『欽明大獄錄』,『霏雪編』,『嘉靖溫州府志』等.

삼대의 보편적인 제도이고, 가문을 계승하는 것[敝議]은 왕망의 그릇된 논의입니다. 지금의 제도에서는 공후백이 군직을 세습하는데 아우가 형의 뒤를 잇고 조카가 숙부의 뒤를 이으면서, 모두 아우라 하고 조카라 하지 아들이라고 하지 않습니다. 공후백이 이와 같은데, 천자가 어찌 유독 그렇지 않겠습니까?" 그 건의와 같이 임금이 행하였고, 길안으로 나아가 지켰다. 유능하다고 이름이 나서, 복건 염운사로 전보되었다. 『명륜대전明倫大典』을 편수하라는 조서를 받았으나, 모친상을 당해 받들지 못했다. 기축년에 광록시경으로 승진하여, 『광록수지光祿須知』를 편집하여 바쳤다. 임신년에 병부우시랑으로 전보되었는데, 편수 양명²이 "굿은 효험이 없으며, 단지 소인들이 요행히 관직에 나아가려는 길을 열 뿐이다."라고 했다. 임금이 대로하여 양명을 가두라고 했다. 선생은 양명이 무죄라고 하여, 복건 참정으로 내쳐졌다. 이듬해 겨울 예부시랑에 제수되었다. 병신년 11월 관사에서 죽었다. 선생은 양명에게서 수학했다. 양명은 "성보는 스스로 하루에 천 리

曰: "繼統者, 三代通制, 繼嗣者, 王莽敝議. 今制, 公侯伯軍職承襲, 弟之繼兄, 姪之繼叔, 皆曰弟曰姪, 不曰子. 公侯伯如是, 天子何獨不然." 如其議, 上之, 出守吉安. 有能名, 轉福建鹽運使. 召修 『明倫大典』, 丁母憂, 不行. 己丑, 陞光祿寺卿, 輯『光祿須知』 以進. 壬辰, 轉兵部右侍郎, 編修楊名言"齋醮無驗, 徒開小人倖進之門". 上大怒, 戍名. 先生言名無罪, 出爲福建參政. 明年冬, 召補禮部侍郎. 丙

---

2 양명(楊名): 字實卿, 수녕(遂寧, 今屬四川)人. 嘉靖七年(1528), 鄕試第一名. 次年成進士. 授編修. 母喪歸, 還朝, 任展書官. 十一年, 應上書, 言帝喜怒失中, 用舍不當, 語切直, 帝懷恨, 而答旨稱其納忠, 令無隱言, 乃復言尙書汪鋐小人之尤, 郭勳奸回險譎, 太常卿陳道瀛, 金賚仁粗鄙酗淫, 而陛下任用, 是聖心偏於喜. 帝震怒, 貶戍瞿塘衛. 次年釋還. 家居二十餘年, 病卒.

시랑 치재 황종명 선생

를 갈 수 있으니 임무가 무겁고 갈 길이 멀다. 성보가 아니면 내가 누구에게 기대하겠는가?"라고 했으니, 뜻을 부촉한 것이 또한 지극하다.

학문을 논한 글

|14-37| 배우고 묻고 생각하고 따지는 일[學問思辨]은 존덕성에 착수하는 공부이지 독실한 실천[篤行]과 함께 두 가지 일이 되는 것이 아닙니다. 만일 지금 사람들이 진실로 배움에 뜻을 둔다면 바로 그 일을 실천해야 합니다. 그 사이에 실행하되 타당하지 않고 생각하되 통하지 않는 것은 배우고 묻고 생각하고 따지는 노력을 사용하지 않을 수 없습니다. 배우고 물음이 절실한 곳, 이것을 일러 독실한 실천이라 합니다. 그러므로 반드시 지행이 합일된 연후에 진정한 배움을 할 수 있습니다. 배우면서 진정하면 지행이 반드시 합일될 것입니다. 지행의 병진설은 결코 실행에 도움이 되지 않으며, 또한 배우는 이유도 아닙니다. 그러므로 우리는 단지 뜻을 세우는 것이 진실한지 성찰하고 배우고 묻는 것이 해이해질 때 채찍질하면 부합하지 않는 것이 없을 것이니, 강설하는 데 얽매일 필요가 없습니다. 보내온 편지에서, 제가

申十一月卒官.　先生受學於陽明, 陽明謂"誠甫自當一日千里, 任重道遠, 吾非誠甫誰望耶！"　則其屬意亦至矣.

論學書

|14-37| 學問思辨, 卽是尊德性下手功夫, 非與篤行爲兩段事.　如今人眞有志於學,　便須實履其事.　中間行而未安, 思而未通者, 不得不用學問思辨之功. 學問懇切處, 是之謂篤行耳, 故必知行合一, 然後爲眞學. 學而眞者,　知行必合一, 並進之說, 決無益於行, 亦非所以爲知也.　故吾輩但於立志眞僞處省察, 學問懈弛時鞭策, 卽無不合, 不必區區於講

격물은 뜻고, 뜻하지 않는 격물은 없다고 한 것은 뜻과 물을 두 가지 일로 나눈 것이라고 했습니다. 저는 그렇게 한 적이 없습니다. 대개 『대학』의 강령이 비록 셋이지만 타인과 내가 단지 하나의 물이지 애초에 피차가 없습니다. 조목이 비록 여덟이지만 공부는 단지 하나의 일이지 애초에 선후가 있지 않습니다. 천하·국가·자신·마음·뜻·앎·물은 그 본체입니다. 격치·성정·수제·치평은 그 공부입니다.【「만록원[3]에게(與萬鹿園)」】

│14-38│ 길흉회인은 움직임에서 생겨나고, 움직이는 곳에 바로 선악의 싹이 트는데, 홀로 아는 곳이므로 오로지 뜻을 진실하게 하는 것이 실로 착수하는 공부입니다. 뜻의 본체는 알지 못하는 것이 없으므로, 격물이 곧 성의이며 듣고 보는 데서 일삼지 않습니다. 뜻이 작용하는 곳은 물이 아닌 것이 없으므로, 치지는 격물에 달려 있고 허무에 떨어지지 않습니다. 이것은 그 큰 근본이고 큰 근원이니, 성인이 다

說爲也. 來諭以僕爲格物者意, 未有非意而格物者, 分意與物爲兩事. 僕未嘗有此事也. 蓋 『大學』綱領雖有三, 而人己只一物, 初非有彼此也. 條目雖有八, 而工夫只一事, 初非有先後也. 天下國家身心意知物者, 其本體也; 格致, 誠正, 修齊, 治平者, 其工夫也.【「與萬鹿園」】

│14-38│ 吉凶悔吝生乎動, 動處乃善惡所萌, 獨知之地, 故惟誠意爲實下手工夫. 意之本體無不知, 故格致卽是誠意, 無事於聞見也. 意之所用, 無非物, 故致知在格物, 不落

---

3   만록원(萬鹿園): 萬表(1498-1556). 字民望, 號九沙山人, 鹿園居士, 浙江鄞縣(今宁波市鄞州區)人. 生于明孝宗弘治十一年, 卒于世宗嘉靖三十五年, 年五十九歲. 曾任都督同知.

시랑 치재 황종명 선생

시 나와도 바꿀 수 없는 것입니다. 만약 "격물이면 격물이 있고 치지면 치지가 있는 것이지, 뒤섞어 말할 수 없다."라고 말한다면, 분석이 지리멸렬할 뿐만 아니라 성현의 혼융한 취지가 또한 어찌 이렇게 학문하여 얻을 수 있는 것이겠습니까? 집의 비유 또한 타당하지 않은 듯합니다. 만약 "이 집은 혹 안으로부터 이름 지어 방이라 하고 혹은 밖으로부터 이름 지어 집이라 한다. 이 뜻은 밝은 것으로부터 말하면 앎이라 하고 지향하는 것으로부터 말하면 물이라 한다[는 것과 같다]."라고 한다면 괜찮습니다. 거기서 말하는 동량이나 용마루나 기둥은 바로 집의 모습이 각기 다르게 되는 것이므로 뜻(意)과 앎(知)과 물物로 비유하면 안 됩니다. 만약 효孝라 하고 제弟라 하고 자慈라 하면 부자형제가 서로 교접하는 도리입니다. 그 생각이 부자형제 사이에서 움직이면 의意가 되고, 어린아이가 부모를 사랑하고 윗사람을 공경하는 것은 양지이며, 앎이 향하는 것은 물物입니다. 물이 있으면 반드시 법칙이 있으니, 그 법칙을 어기지 않는 것은 격물이고, 그 앎이 고갈되지 않는 것은 치지이고, 아버지가 반드시 사랑하고 자식이 반드시 효도하고 형이 반드시 우애하고 아우가 반드시 공경하는 것은 성의이며, 그것을 천하에 미루어 나가 그렇게 하지 않음이 없는 것은 인의이고 본성입니다. 대개 사람이 도를 듣기 전에 백성이 날마다 쓰면

於虛無也. 此其大本大原, 聖人復起, 有所不能易者. 若曰: "格物便有格物, 致知便有致知, 不容以混言." 不惟分析支離破碎, 聖賢渾融之旨, 亦焉能有如此學問而能有得乎? 屋之喻, 亦恐未然. 若曰"此屋也, 或自內而名之曰室, 或自外而名之曰字. 此意也, 或自其所明而言之曰知, 或自其所向而言之曰物", 則可. 其曰梁, 曰棟, 曰柱, 乃其屋中之名色各有不同, 以爲意知物之喻, 則不可. 如曰孝, 曰弟, 曰慈, 乃父子兄弟所接之理. 其念動於父子兄弟爲意, 孩提之愛親敬長爲良知, 知之所向爲物. 有物必有則, 不過其則之爲

서 알지 못한다면, 또한 어찌 공부가 있겠습니까? 일단 배움을 추구하는 뜻이 있으면 선이 선이고 악이 악이라는 것을 저절로 알게 되며 밖에서 구할 필요가 없습니다. 선을 행하고 악을 제거하는 것 또한 스스로를 속이지 않는 데 있을 뿐입니다. 여기서 말한 "내가 인하고자 하면 바로 인이 이른다."[4]는 것은 얼마나 간단하고 쉽습니까! 얼마나 단도직입적입니까! 이제 이것을 벗어나 번거롭고 어려운 것을 추구하고자 한다면 어찌 하겠습니까?【「만록원에게 (與萬鹿園)」】

|14-39| 보내온 편지에서 말하기를, "이 마음 가운데 욕심이 없으면 고요해지고, 일에 부딪쳤을 때 깨닫지 못하는 사이에 교전하면 힘을 얻게 된다."고 했습니다. 말씀한 것이 매우 좋습니다만, 그래도 부득불 논할 것이 있습니다. 대개 욕심이 없으면 고요해진다는 것은 주돈이가 『태극도설』 안에서 욕심이 없으므로 고

格物, 不遏其知之爲致知, 父必慈, 子必孝, 兄必友, 弟必恭之爲誠意, 達之天下無不然之爲仁義, 爲性. 蓋人未聞道之先, 百姓日用而不知, 又何工夫之有? 一有求學之意, 卽善善惡惡自能知之, 不待外求; 爲善去惡亦在不自欺耳. 此所謂"我欲仁斯仁至"者, 何等簡易! 何等直截! 今顧欲外此而求之煩難, 獨何歟?【「與萬鹿園」】

|14-39| 來諭謂: "此心之中, 無欲卽靜, 遇事時不覺交戰, 便是得力." 所言甚善, 尙有不得不論者. 蓋無欲卽靜, 與周子『圖說』內自

---

4   "仁遠乎哉! 我欲仁斯仁至矣." (『論語』「述而」)

요해진다고 스스로 주석을 단 것과 또한 대략 비슷합니다. 편지에서 이 마음 가운데 욕심이 없으면 고요해지고, 일에 부딪쳤을 때 깨닫지 못하는 사이에 교전하면 힘을 얻게 된다고 한 것 또한 마음에 중심이 있어서 사물에 부림을 당하지 않음을 말합니다. 그러나 일찍이 들건 대, 정자가 말하기를 "배우는 데 힘쓸 곳을 알 지 않으면 안 되며, 이미 배우게 되면 힘을 얻 는 곳을 알지 않으면 안 된다."고 했으며, 주돈 이는 "마음을 기르는 데는 욕심을 적게 하는 것보다 좋은 게 없으며, 적게 하고 또 적게 하 여 욕심이 없는 데 이른다."라고 했다고 합니 다. 바로 힘을 얻는 데가 아니라 힘쓸 곳을 아 는 데 달려 있으며, 무욕이 아니라 과욕에 달 려 있을 뿐입니다. 배움은 반드시 욕심을 적게 한 연후에 욕심이 없게 되며 힘쓸 곳을 안 연 후에 힘을 얻는 곳을 알게 되니, 이것이 공부 의 순서이며 단계를 건너뛰어 나아갈 수는 없 습니다. 만약 집사의 말씀대로 한다면 너무 앞 서는 잘못을 면하지 못할까 합니다. 만약 가난 한 이가 부유한 이를 말하고 배우는 이가 위대 한 현인을 논하면서 효과를 거두려 한다면, 스 스로 결국 소용 있는 때가 없을 것입니다. 제 가 말하는 고요함을 주로 한다는 것은 바로 욕 심을 적게 하는 데 있으며 바로 힘쓰는 곳을 구하는 데 있으니, 또한 마음에서 구하고 마음 에서 체득하고 마음에서 징험하는 데 불과합

註無欲故靜之說, 亦略相似. 其謂遇事時不覺交戰, 便是得力, 亦謂心中有主, 不爲事物所勝云耳. 然嘗聞之, 程子曰: "爲學不可不知用力處, 旣學不可不知得力處." 周子曰: "養心莫善於寡欲, 寡之又寡, 以至於無." 正不在得力, 而在於知所以用力; 不在無欲, 而在寡欲耳. 學必寡欲而後無欲, 知用力而後知得力, 此其工夫漸次, 有不可躐而進者. 若執事所言, 恐不免失之太早. 如貧人說富, 如學子論大賢, 功效體當, 自家終無受用時也. 僕之所謂主靜者, 正在寡欲, 正在求所以用力處, 亦不過求之於心, 體之於心, 驗之於心. 蓋心

니다. 대개 마음이 일에 휩쓸리면, 외물과 교전하여 의욕이 얽매이게 됩니다. 제가 말하는 정을 주로 한다는 것은 바로 욕심이 생겨나는 근본을 찾아서 제거하는 것이니, 이를테면 도적을 축출하는 데 반드시 도적이 잠입하는 곳을 찾아서 몰아내는 것과 같습니다. 그러므로 배우기를 잘하는 사람은 고요함을 구하는 것보다 좋은 것이 없으니, 고요함을 구할 수 있은 연후에 기가 휴식하고 양지가 발현합니다. 대체로 사려가 번잡하고 사욕이 숨어 있는 것을 스스로 성찰하고 스스로 제거할 수 있으므로, 무욕이 본연의 본체이고 과욕이 학문의 요체이고 구정이 과욕의 방법이고 계구가 구정의 노력입니다. 힘쓸 데를 안 연후에 힘을 얻는 곳을 말할 수 있을 것입니다. 무욕하면 진실한 본체가 항상 존재하고 항상 드러날 것입니다. 【「임자인에게 답함(答林子仁)」, 임자인은 이름이 춘(春)이고 심재[心齋, 왕간(王艮, 1483-1541)]의 제자이다.】

|14-40| 왕사관王生師은 노선생, 즉 양명 선생을 사숙하였습니다. 이 사람은 이미 전홍보[5]

爲事勝, 與物交戰, 旨欲爲之累. 僕之所謂主靜者, 正以尋欲所從生之根而拔去之, 如逐賊者, 必求賊所潛入之處而驅逐之也. 是故善學者莫善於求靜, 能求靜然後氣得休息, 而良知發見. 凡其思慮之煩雜, 私欲之隱藏, 自能覺察, 自能拔去, 是故無欲者本然之體也, 寡欲者學問之要也, 求靜者寡欲之方也, 戒懼者求靜之功也. 知用力而後得力處可得而言. 無欲, 眞體常存常見矣. 【「答林子仁」(名春, 心齋弟子也)】

|14-40| 王生師觀, 淑於老先生卽陽明

---

5   전홍보(錢洪甫): 전덕홍(錢德洪, 1496-1574). 전덕홍은 호가 서산(緒山)이고 자는 홍보(洪甫)이다.

씨에게서 학업을 마치고, 오문으로부터 와서 나에게 '이발과 미발의 의미'를 물었습니다. 나는 거의 그에게 답하지 않고 서로 그 말에서 실마리를 찾아내고 그 의미를 밝혀내고자 했습니다. 사관은 나를 피하지 않고, "미발은 다만 이발에서 볼 수 있고, 단지 희로애락이 발하지 않았을 때 어떤 기상인지를 볼 수 있으니, 평소의 함양이 바로 이것입니다."라고 했습니다. 이 말은 거의 오늘날 일용공부의 가장 중요한 의미여서, 저는 그리하여 이 이치의 같음이 진실로 말하지 않아도 아는 것이라고 찬탄했습니다. 그러나 20여 년 동안 서로 여기에 종사하면서 혹 들어가고 나아감이 있고 혹 일깨워 주고 가리움이 있었는데, 의견이 합치하는 점에서는 고인과 같은 점을 본 적이 없으니, 어찌 하겠습니까? 대저 고인은 강의목눌剛毅木訥[6]하여 언설을 숭상하지 않았고 뜻을 돈독하게 하여 그 근본을 정하였으며 고요함에 응집하여 그 기초를 공고히 하였고 홀로 있을 때를 삼가는 데 이르러 은미하게 하고 또 은미하게 하였으며 암암리에 마음에서 이루고서 심화시키고 또 시화시켰습니다. 부득이해서 말하게 되면 마치 메아리가 호응하는 듯해서 소리를 남기지 않았으며, 부득이해서 움직이게

先生. 者也, 已而卒業於錢洪甫氏, 來自吳門, 問予以'已發未發之旨'. 予始未有以語生也, 相與紬繹其辭, 剔發其義. 師觀莫予避也, 曰: "未發只在已發上見, 只觀於喜怒哀樂未發時作何氣象, 平日涵養便是." 此語殆今日日用工夫爲第一義, 予因歎此理之同, 眞有不言而喻者. 然而廿餘年來, 相與從事於斯者, 或出或入, 或啓或蔽, 致一之義, 曾未見彷彿若古人者, 則何居? 夫古人剛毅木訥, 不尙言說, 篤志以定其本, 凝靜以固其基, 致愼乎獨而微之又微焉, 默成乎心

---

6   子曰, "剛毅木訥 近仁."(『論語』「子路」)

되면 마치 궁벽한 산에 앉아 있어서 모든 생각이 저절로 사라지고 마치 태곳적에 노닐어서 모든 소리가 저절로 적막해지는 것과 같았으니, 그래서 정精이 흩어지지 않고 신神이 움직이지 않으며 분紛이 어지럽지 않고 변통함이 다하지 않았던 것입니다. 그러므로 우리가 이 의미를 서로 논해서 밝히는 것이 어찌 고인의 통발과 올가미[忘筌]를 숭상하는 것이겠습니까? 물고기를 잡으면 통발을 잊고 뜻을 얻으면 말을 잊어버리는 것이니,[7] 내가 어찌 그대와 힘쓰지 않겠습니까? 사관은 일찍이 진사로 씨와 추겸지 씨에게서 배웠습니다. 이제 전홍보 씨에게 『문원기문록汶源紀聞錄』이 있어 사관이 살펴보았으니, 이는 모두 통발과 올가미일 뿐입니다.【「증왕사관서(贈王師觀序)」】

而深之又深焉. 不得已而言, 若響之應, 無遺聲焉, 不得已而動, 若坐窮山而羣慮自息, 若遊太古而羣囂自寂, 是以精不散而神不移, 紛不亂而變不窮. 然則吾徒相與講明斯義也, 其尙古人之筌蹄矣乎? 得魚而忘筌, 得意而忘言, 吾盍與子勉之. 師觀嘗學於陳師魯氏, 鄒謙之氏, 今洪甫氏有『汶源紀聞錄』, 師觀省焉, 是皆筌蹄也已矣.【「贈王師觀序」】

---

7 전제(筌蹄): 전(筌)은 대나무로 만든 물고기 잡는 통발이고 제(蹄)는 토끼 잡는 올가미로서, 어떤 목적을 달성하기 위한 수단이나 공구를 가리킨다. 『장자(莊子)』「외물(外物)」에서 "筌者所以在魚, 得魚而忘筌. 蹄者所以在兎, 得兎而忘蹄."라고 하였다.

중승 부봉 장원충 선생

中丞張浮峰先生元沖

|14-41| 장원충(張元沖, 1502-1563)은 자字가 숙겸叔謙이고 호는 부봉浮峰이며, 절강성 산음山陰 사람이다. 가정 무술년(1538)에 진사가 되었다. 중서사인을 제수받았다가 이과급사중으로 전보되었다. 분의分宜가 재상이 되자 선생은 그 마음이 밝지 못하여 천자의 좌우에 있을 수 없다고 말했다. 또 중관직조를 파면하기를 요청하였다. 공과도급사중으로 전보되어, 가정제가 도교에 빠져 조정을 돌보지 않는 것에 대하여 간했다. 당시에 용감한 간관으로 불렸다. 강서참정·광동안찰사·강서좌우포정사로 나갔다가 우부도어사로 승진하여 강서를 순무하다가 교지를 받들어 고향으로 돌아왔다. 2년에 죽으니, 향년 62세였다.

|14-41| 張元沖字叔謙, 號浮峰, 越之山陰人. 嘉靖戊戌進士. 授中書舍人, 改吏科給事中. 分宜入相, 先生言其心術不光, 不宜在天子左右. 又請罷遣中官織造. 遷工科都給事中, 諫世廟玄修不視朝. 一時稱爲敢諫. 出爲江西參政, 廣東按察使, 江西左右布政使, 陞右副都御史, 巡撫江西, 奉旨回藉. 又二年而卒, 年六十二.

|14-42| 선생은 왕양명의 문하에 들어와 계신 공구를 입문으로 삼아 한결같이 실천을 추구하는 데 뜻을 두었다. 양명이 일찍이 말하기를, "나의 문하에는 지혜롭게 논변하는 선비는 결핍되어 있지 않으나, 진실하고 절실하며 순수하고 독실함에 있어서는 숙겸만 한 이가 없다."고 했다. 선생은 일찍이 학생들에게 말하기를, "공자의 도는 하나로 꿰뚫어져 있고, 맹자의 도는 만물이 나에게 갖추어져 있다는 것과 양자의 설일 뿐이다."라고 했다. 또 말하기를, "배움은 입지를 우선으로 하며, 배워서 성인이 되려고 하지 않으면 뜻이 아니다. 성인의 배움은 계신공구와 신독에 있으며, 이와 같이 배우지 않으면 배움이 아니다."라고 했다. 좌우에 걸어 놓기를 "오직 주재가 있으면 천지만물이 나로부터 세워지고, 반드시 사사로움이 없으므로 상하사방이 모두 공평함을 얻는다."라고 했다. 전후로 강서에 관리로 나아가 정학서원正學書院을 열고 동곽東廓[1]·염암念菴[2]·낙촌洛村[3]·풍담楓潭[4]과 함께 강회를 열어 양명학을 가르쳤다. 또 광신[5]에 회옥서원懷玉書院을 건

|14-42| 先生登文成之門, 以戒懼爲入門, 而一意求諸踐履. 文成嘗曰: "吾門不乏慧辨之士, 至於眞切純篤, 無如叔謙." 先生嘗謂學者曰: "孔子之道, 一以貫之, 孟子之道, 萬物我備, 良知之說, 如是而已." 又曰: "學先立志, 不學爲聖人, 非志也. 聖人之學, 在戒懼愼獨, 不如是學, 非學也." 揭坐右曰: "惟有主, 則天地萬物自我而立, 必無私, 斯上下四旁咸得其平." 前後官江西, 闢正學書院, 與東廓, 念菴,

---

1 동곽(東廓): 추수익(鄒守益, 1491-1562)의 호. 자는 겸지(謙之)이다.
2 염암(念菴): 나홍선(羅洪先, 1504-1564)의 호. 자는 달부(達夫)이다.
3 낙촌(洛村): 황횡강(黃宏綱)의 호이다. 황횡강은 雩都縣 사람으로, 정덕(正德) 연간에 향시에 합격하고 양명에게서 배웠다. 관직이 형부주사(刑部主事)에 이르렀다.
4 풍담(楓潭): 만우개(萬虞愷)의 호이다. 만우개는 자가 무경(懋卿)이며, 어려서 왕수인에게서 배웠고, 가정 17년(1538) 진사가 되었다.

립하여 용계龍溪[6]와 서산緖山[7]을 초빙하여 강의를 주관하게 하여 마침내 서산으로 하여금 왕수인연보를 남기게 하였다. 오직 동문의 선비들이 배움에 출입이 있을까 염려했다. 스승의 문하에 남긴 공이 이와 같았다.

洛村, 楓潭聯講會, 以訂文成之學, 又建懷玉書院於廣信, 迎龍溪, 緖山主講席, 遂留緖山爲文成年譜, 惟恐同門之士, 學之有出入也, 其有功師門如此.

---

5 광신(廣信): 광신현(廣信縣)으로, 현재 광서 창오현(蒼梧縣)에서 광동 봉개현(封開縣)에 걸쳐 있다.
6 용계(龍溪): 왕기(王畿, 1498-1583)의 호. 자는 여중(汝中)이다.
7 서산(緖山): 전덕홍(錢德洪, 1496-1574)의 호. 자는 홍보(洪甫)이다.

시랑 송계 정문덕 선생

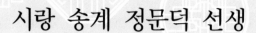

侍郎程松溪先生文德

|14-43| 정문덕(程文德, 1497-1559)은 자字가 순
부舜敷이고 호는 송계松溪이며, 절강성 영강永康
사람이다. 가정 기축년(1529) 진사에 차석으로
급제하여 한림원 편수를 제수받았다. 같은 해
양명楊名이 교지를 받아 하옥되었는데 바야흐
로 주사를 보낼 때 선생이 그에게 서신을 보냈
다. 지키는 사람이 그 소식을 들어서 임금이
크게 노하여 어사 진구덕陳九德[1]을 잘못 보내자
선생이 스스로 나아가 인정하고 하옥되었다.
신의전사로 강등되었고, 총독 도해연陶諧延이
창오서원蒼梧書院을 주관했다. 안복지현으로 옮
겨졌다. 남경병부주사로 승진하였다가 예부낭
중으로 전근되었다. 부친상을 당하고, 병부로

|14-43| 程文德字
舜敷, 號松溪, 婺之
永康人. 嘉靖己丑
進士第二, 授翰林院
編修. 同年楊名下
詔獄, 方究主使, 而
先生與之通書. 守
者以聞, 上大怒, 誤
逮御史陳九德, 先生
自出承認, 入獄. 黜
爲信宜典史, 總督陶
諧延主蒼梧書院.
移安福知縣. 陞南

---

1 진구덕(陳九德): 명대 곤산(昆山) 사람. 순안절강어사(巡按浙江禦史)를 역임하였다.
그가 편찬한 『명조명신경제록皇明名臣經濟錄』(18권)은 명대 초부터 정덕 말까지 주소
(奏疏)와 사적에서 치도(治道)와 관련된 것을 10개 항목으로 분류하여 수록한 책이다.

발령되어 광동부사로 임명되었으나 가지 않았고 남경국자좨주로 옮겨졌다가 도어사로 발탁되었다. 모친상을 당하고, 예부우시랑으로 기용되었다가 이부좌시랑으로 옮겨졌으며 한림원 학사를 겸하여 첨사부사를 담당했다. 임금이 재궁에 있을 때 옆에서 모시던 신하들이 도교의 글을 올려 다투어 아첨하였으나 유독 선생만이 간쟁에 뜻을 두어 임금이 기뻐하지 않았다. 마침 남총재를 추대되었으나 선생이 사양하는 소를 올려 비방하고는 관직을 버리고 귀향하였다. 38년 11월에 죽으니, 향년 63세였다. 만년 연간에 예부상서가 추증되었고 시호는 문공文恭이다. 선생은 처음에 풍산楓山[2]에게서 배웠고, 나중에 양명에게서 학업을 마쳤다. 진심을 학문의 요체로 삼아, 비록 터득한 깊이는 알 수 없지만 실제적인 데 힘썼다.

京兵部主事, 轉禮部郎中. 丁艱, 起補兵部, 出爲廣東副使, 未行, 轉南京國子祭酒, 擢都御史. 丁內艱, 起爲禮部右侍郎, 移吏部左侍郎, 兼翰林院學士, 掌詹事府事. 上在齋宮, 侍臣所進青書詞, 爭爲媚悅, 獨先生寓意諷諫, 上不悅也. 會推南冢宰, 以先生辭疏爲謗訕, 落職歸. 三十八年十一月卒, 年六十三. 萬曆間贈禮部尙書, 諡文恭. 先生初學於楓山, 其後卒業於陽明. 以眞心爲學之要, 雖所得淺深不可知, 然用功有實地也.

2 　풍산(楓山): 풍산은 장무(章懋, 1436-1521)이다. 楓木山에서 강학하였으므로 楓山先生이라 불렸다.

학문을 논한 글

| 14-44 | 보내 주신 편지에서 말씀하셨습니다. "나무에 뿌리가 있으면 가지와 잎과 꽃과 열매를 밖에서 구할 필요가 없는 것입니다. 사람에게 뜻이 있으면 본체가 훼손되지 않고 모든 이치가 다 갖추어질 것입니다." 비록 성인이 다시 나와도 바꿀 수 없을 것입니다. 또 말씀하셨습니다. "선을 택하여 굳게 지키면 저절로 밝게 깨우치고, 때에 맞추어 행하는 것이 실로 매우 공정하게 순응하는 현묘한 처사입니다." 이 또한 옳지 않음이 없습니다. 그러나 학문이 아직 진실하고 절실하지 않은 자가 들으면 공부를 누락시키는 병폐를 면하지 못할 것입니다. 대개 저절로 그러한 밝은 깨우침은 양지요, 선을 택하여 굳게 지키는 것을 일러 치양지라고 하면 됩니다. 때에 맞추어 행하는 것은 본디 매우 공정하게 순응하는 현묘한 처사이지만 정묘한 의리에 들어간 자가 아니면 이와 같이 할 수 없을 것입니다.

| 14-45 | 천하의 일은 지나치면 해가 있습니다. 비는 좋은 것이지만, 지나치게 많으면 장마가 되어 그 해가 가뭄과 같습니다. 이제 선을 행하는 데 뜻을 두고 성정에 따라 스스로 옳다고 여기는 것은 모두 비의 은덕이 장마가 되는 것과 같습니다. 장마는 재앙이 될 수 있

論學書

| 14-44 | 來教謂: "木有根, 則枝葉花實不假外求; 人有志, 則本體不虧, 萬法具足." 雖聖人復起, 不能易也. 至謂: "擇善固執, 乃明覺之自然, 而與時偕行, 實大公順應之妙用." 亦未嘗不是. 但學問未眞切者聞之, 未免有遺落工夫之病. 蓋自然明覺, 則良知也, 擇善固執, 謂之致其良知, 則可也. 與時偕行, 固大公順應之妙用, 然非精義入神者, 未足以與此也.

| 14-45 | 天下事過則有害. 雨澤非不善也, 過多則潦, 其爲害也與旱同. 今有意爲善, 而任性自是者, 皆雨澤之潦者

는 것이니, 사람으로서 악을 행하지 않겠습니까? 그러므로 『주역』에서는 "오히려 중용을 좋은 것으로 여기니, 군자의 법도이다."라고 했습니다. 그런데 자기 생각을 가지고 옳다고 여기면 반드시 악에 빠지게 됩니다. 이것은 명성을 좋아하는 병폐입니다.

| 14-46 | 이 마음이 진실하지 않으면 따지는 말이 비록 문명해도 결국 무슨 득이 있겠습니까? 닭이 울면 일어나 밤이 되어 휴식을 취하기까지 모두 진실한 마음이라면, 모두가 실제적인 공효이어서 하나하나의 언설과 말과 걸음과 종종걸음이 모두 쓰일 곳이 있을 것입니다. 그렇지 않으면 날마다 공자와 맹자를 말하고 세세한 것까지 정밀하게 따져도 결국 쓸데없는 일로서 사람들에게 질책받는 것을 면하지 못합니다.

| 14-47 | 대저 학문이란 단지 하나의 진실함이다. 하늘이 사람을 낳으매 그 이치가 본래 진실하며, 진실하지 않음이 있으면 사람이 잡된 것일 뿐이다. 이제 단지 진실을 온전히 하여 처음으로 돌아가면, 일상생활에서 보고 듣고 말하고 움직이는 것이 모두 옷을 입고 밥을 먹는 것이 배부르고자 하고 따뜻하고자 하는 것처럼 진실한 마음에 대체로 꾸밈이 없을 것이다. 다만 옳고 마땅함을 추구하여 그저 그림자

也. 澇可以災, 斯人獨不可以爲惡乎? 故『易』曰"尙於中行爲善, 君子之常也", 而有意而自是, 則必淪於惡矣. 是好名之私累之也.

| 14-46 | 此心不眞, 辨說雖明, 畢竟何益? 自雞鳴而起, 以至嚮晦宴息, 無非眞心, 則無非實功, 一話, 一言, 一步, 一趨皆受用處. 不然, 日談孔, 孟, 辨精毫釐, 終不免爲務外, 爲人之歸爾.

| 14-47 | 大抵學問只是一眞. 天之生人, 其理本眞, 有不眞者, 人雜之耳. 今只全眞以反其初, 日用間視聽言動, 都如穿衣喫飯, 要飽要煖, 眞心略無文飾. 但求是當, 纔不是說

를 말하지 않고 그저 정치함을 가지고 놀지 않고 그저 보고 듣기만 하지 않으면 합일됨을 깨닫게 될 것이다. 만약 이것을 터득하면 바로 치지이고 바로 신독이며 바로 놓아 버린 마음을 구하는 일[3]일 것이다. 그렇지 않으면 비록 『육경』·『사서』의 말이라고 성인의 진실한 마음이 아니어서, 그림자를 말하고 정치함을 가지고 노는 것을 면하지 못한다.

影, 纔不是弄精, 纔不是見聞, 乃爲解悟合一. 若信得此過, 卽是致知, 卽是愼獨, 卽是求放心. 不然, 雖『六經』, 『四書』之言, 而非聖人之眞心, 亦不免於說影弄精矣.

| 14-48 | 내가 생각건대 험난함과 쉬움, 순조로움과 어지러움을 도래는 마치 추위와 더위, 낮과 밤처럼 필연적인 일로서 괴이하게 여길 만하지 않다. 내가 마땅하지 않은데 남이 반드시 마땅하다고 여긴다면, 누가 나를 그르다고 하겠는가? 그러므로 군자는 우환에 대하여 그것이 어디서 왔는지 묻지 않고 오로지 그것을 대처할 것인지 묻는다. 그러므로 말하기를 "[군자는] 언제 어디서나 자득하지 않음이 없다."[4]고 한다. 만약 고고함이 없으면 자득이 아니다.

| 14-48 | 竊謂險夷順逆之來, 若寒暑晝夜之必然, 無足怪者. 己不當, 人必當之, 孰非己也? 是故君子之於憂患, 不問其致之, 而惟問其處之. 故曰: "無入而不自得." 苟微有介焉, 非自得也.

---

3 원문은 "求放心"으로, 『맹자』에 나온다. "學問之道無他, 求其放心而已矣."(「告子上」)
4 원문은 "無入而不自得"으로, 『중용』에 나온다. "君子素其位而行 不願乎其外. 素富貴 行乎富貴, 素貧賤 行乎貧賤, 素夷狄 行乎夷狄, 素患難 行乎患難. 君子無入而不自得焉."(『中庸』)

시랑 송계 정문덕 선생

태상 노원 서용검 선생

太常徐魯源先生用檢

│14-49│ 서용검(徐用檢, 1528-1611)은 자字가 극현克賢이고 호는 노원魯源이며, 금화金華 난계蘭溪 사람이다. 가정 임술년(1562) 진사가 되어 형부주사를 제수받고, 병조·예조를 거쳐 낭중에 이르렀다. 산동부사로 나갔다가 강서참의로 좌천되었고, 섬서제학부사·소송참정으로 승진하였고, 연좌되어 투옥되었다가 부사로 강등되었다. 부친상을 당했다. 복건에 임명되어 복녕福寧[1]에 머물렀다. 조저참정·광동안찰사·하남좌포정 등으로 전보되었다. 남태복시경으로 전보되었고, 다시 시마삼분의 하나가 되었으며, 교지를 받고 들어가 태상시경이 되었다가 2년 후에 고향으로 돌아갔다. 만력

│14-49│ 徐用檢字克賢, 號魯源, 金華蘭溪人. 嘉靖壬戌進士, 除刑部主事, 調兵部, 禮部, 至郎中. 出爲山東副使, 左遷江西參議, 陞陝西提學副使, 蘇松參政, 坐失囚, 降副使. 丁憂. 起補福建, 城福寧. 轉漕儲參政, 廣東按察使, 河南左布政. 遷南太僕寺卿,

---

1 복녕(福寧)은 현재의 복주(福州) 지역이다. 명나라 홍무제 초기에 현으로 강등하였고, 성화 연간에 직예주(直隷州)로 승격시켜 현재의 복건성 하포(霞浦)·영덕(寧德)·복안(福安)·복정(福鼎) 등의 현을 귀속시켰다.

신해년(1611) 11월에 죽으니, 향년 84세였다.

| 14-50 | 선생은 전서산[2]을 사사하였으나, 그 학문이 양지가 아니라 지학志學이라고 여겨 이렇게 말했다. "군자는 본성의 회복을 학문으로 삼으면 반드시 본성이 되는 까닭을 구하여 본성이 질에 갇혀서 순수하고 밝게 되기 어려우므로, 일이 없으면 배우지 않고 배우더라도 또한 그 본성에 가까이 갈까 두려워한다. 그러므로 배우지 않으면 공씨에게서 징험할 수 없다." 또 이렇게 말했다. "마음에서 구하는 것인 마음을 구하여 성인이 되려는 것이고, 성인에게서 구하는 것은 성인의 마음을 구하는 것이다." 대개 당시 학자들이 "마음의 정신精神을 성(聖)이라고 한다."[3]라는 말에 집착하여 기질에서 마음대로 하는 것을 학문으로 삼았는데, 선생은 공씨를 표적으로 삼아 또한 불가피하게 고심했다. 경초공耿楚倥[4]이 선생과 며칠 동안 담론하고서, "선생은 오늘날의 맹자이다."라고 했다. 한참 지난 후에 편지를 보내어, "그

復寺馬三分之一, 召入爲太常寺卿, 兩載而回籍, 萬曆辛亥十一月卒, 年八十四.

| 14-50 | 先生師事錢緒山, 然其爲學不以良知, 而以志學. 謂: "君子以復性爲學, 則必求其所以爲性, 而性囿於質, 難使純明, 故無事不學, 學焉又恐就其性之所近, 故無學不證諸孔氏." 又謂: "求之於心者, 所以求心之聖; 求之於聖者, 所以求聖之心." 蓋其時學者執"心之精神謂之聖"一語, 縱橫於氣質以爲學, 先生以孔氏爲的, 亦不得已之苦心也. 耿

---

2 서산(緒山)은 전덕홍(錢德洪, 1496-1574)의 호이다.
3 子曰, "心之精神是謂聖."(伏生, 『尙書大傳』 권3)
4 경초공(耿楚倥): 경정리(耿定理, 1534-1584)의 호가 초공(楚倥)이며 자는 자용(子庸)이다. 경정향(耿定向, 1524-1596)의 둘째 동생이다.

태상 노원 서용검 선생

119

대가 마차 모는 데 집중하고 활 잡는 데 전념하지 않기를 바랍니다."고 했다. 천대天臺[5]가 그 의미를 해석하기를, "대저 활쏘기에는 반드시 과녁이 있어야 하고, 마차 모는 것은 사람을 싣고자 하는 것이다. 자여씨는 공자를 배우고자 했으니, 과녁을 세운 것인가? 공자는 광견狂狷을 잘 제어하여 바큇자국을 남기지 않았으므로, '집어執御'라고 했다. 나의 둘째 동생이 문하에서 맹자의 평가를 낮추고 공자를 높인 것이 이와 같았다." 경초공은 신심 있는 선비로서 그 학문이 선생과 부합하지 않았으므로, 선생을 일러 맹자라고 했으니, 그를 비난한 것이다. 선생은 일찍이 나근계(羅近溪, 1515-1588)에게 묻기를, "배움은 어디로부터 들어가야 합니까?"라고 했다. 근계가 부드럽게 말하기를, "형은 도에 들어가고자 하여 아침저녁으로 절하므로, 공중에서 누군가 당신에게 전해 줄 것입니다."라고 했다. 선생이 불쾌하게 여겼다. 수년 후에 강성江省[6] 양저糧儲에서 문서를 처리할 때 홀연히 누군가 이렇게 노래하는 소리를 들었다. "순이 누구인가? 나는 누구인가? 하고자 하는 사람은 또한 이와 같도다!" 선생이 크게 깨치고, 이로부터 마음이 날로 밝아져서 평

楚侗與先生談數日, 曰: "先生今之孟子也." 久之, 寓書曰: "願君執御, 無專執射." 天臺譯其意曰: "夫射必有的, 御所以載人也. 子輿氏願學孔子, 其立之的乎? 孔子善調御狂狷, 行無轍迹, 故云'執御'. 吾仲氏欲門下損孟之高, 爲孔之大, 如斯而已." 楚侗心信之士, 其學與先生不合, 謂先生爲孟子, 譏之也. 先生嘗問羅近溪曰: "學當從何入?" 近溪諧之曰: "兄欲入道, 朝拜夕拜, 空中有人傳汝." 先生不悅. 後數年, 在江省糧儲, 方治文移, 悅忽聞有唱者,

---

5 천대(天臺): 경정향(耿定向)의 호이다. 경정향의 다른 호는 초동(楚侗)이고 자는 재륜(在倫)이다.
6 강성(江省): 후강성(后江省)으로, 월남(越南) 미공하(湄公河) 삼각주에 위치하고 있다.

소의 견해가 사라졌다. 경도의 성문에서 조대주趙大洲를 따라 강학할 때, 예부사무 이지李贄가 오려 하지 않자, 선생은『금강경』을 손으로 써서 보여 주면서 이렇게 말했다. "이것이 불사의 학문인데, 그래도 강하지 않겠는가?" 이지가 비로소 이전의 학문을 버렸다. 일찍이 새벽에 일어나 문후할 때 선생이 나가면서 홀연히 옷을 걸치고 말을 타며 한마디도 하지 않았다. 이와 같은 일이 반복되자 이지는 신심이 날로 견고해져서 다른 사람에게 말하기를, "서공은 이와 같이 수련한다."라고 했다. 이것은 모두 선생이 처음 배울 때 일이고, 그 후에는 점차 평실한 데로 귀결되었다. 이 같은 기행은 다시 하지 않았다.

『우성편』

|14-51| 우리의 뜻은 어제 가다듬었는데 오늘 수용할 수 있는가? 즉 이전에 가다듬었는데 지금 수용할 수 있는가? 만약 수시로 가다듬으면 인위적인 조작이 없을 수 있는가? 그 요체는 이 마음의 국량을 다하여 중단이 없게 하는 데

"舜何人也？予何人也？有爲者亦若是!" 先生大悟, 自是心地日瑩, 平生見解脫落. 在都門從趙大洲講學, 禮部司務李贄不肯赴會, 先生以手書『金剛經』示之, 曰: "此不死學問也, 若亦不講乎?"贄始折節向學. 嘗晨起候門, 先生出, 輒攝衣上馬去, 不接一語. 如是者再, 贄信向益堅, 語人曰: "徐公鉗錘如是." 此皆先生初學時事, 其後漸歸平實, 此等機鋒, 不復弄矣.

『友聲編』

|14-51| 吾人之志, 抖擻於昨日, 今日可受用否？ 卽抖擻於上時, 今時可受用否? 若時時抖擻, 可

있으니, 중단이 없으면 진실로 자연스러울 것이다.

|14-52| 『주역』에서 말하기를, "만물 가운데 우두머리가 나오니 만국이 모두 평안하도다."[7]라고 했다. 무릇 마음이란 사유능력이니, 늘 존중하여 항상 만물의 위에 두어 여러 움직임이 도리에 맞을 수 있게 해서 천하의 운행을 이루게 한다. 그러나 그것을 섬기는 도리를 알고자 한다면, 반드시 먼저 그 진면목을 알아야 한다. 선유는 배우는 이들로 하여금 미발기상을 보게 하고자 하였으니, 그 진면목을 보게 하려는 것이다. 이로부터 나아가면 "발동하여 모두 절도에 맞게 된다."는 것이니, 어디를 가든 모두 존중하게 되는 것이다.

|14-53| 옛사람들은 입언할 때 오로지 자득하려 하고 반드시 온전하고자 하지는 않았으므로 항상 어렵다는 데서 나왔다. 양화와 여러 사람의 글에 매번 "텅 비어 있으면서 영활하고, 고요하면서 [만물을] 비추고, 항상 감응하고, 항상 고요하고, 사물이 있고 사물이 없고, 또한 하늘을 낳고 땅을 낳으며, 귀신을 이루고

無屬人爲造作否? 其要在窮此心之量, 靡有間息, 其無間息, 固天然也.

|14-52| 『易』曰: "首出庶物, 萬國咸寧." 夫心, 天君也, 時時尊之, 俾常伸萬物之上, 將衆動可得其理, 而成天下之亹亹. 然欲知事之之道, 則須先見其面目. 先儒令學者觀未發氣象, 所以求見其面目也. 由是而之焉, "發皆中節", 無所往而不尊矣.

|14-53| 古人立言, 惟以自得而不必其全, 故出之恒難. 陽和與諸公書, 每有 "虛而靈, 寂而照, 常應, 常靜, 有物, 無物及生天生地, 成鬼

---

7   "首出庶物, 萬國咸寧."(『周易』, 「乾卦」, 象傳)

상제를 이룬다." 등의 말이 있는데, 그 이치에 이르지 않은 적이 없고 말이 성숙하고 쉬워서 오히려 아직 설명을 다하지 못할 뿐이다!

| 14-54 | 사람이 태어나 서로 교류하여 각기 감각과 사유가 있으면, 말로 서로 통하고 의기가 감통할 수 있다. 가령 귀신은 형체와 소리가 없고 말과 의기를 모두 사용할 수 없고 오로지 이 마음의 가지런하고 밝고 진실하고 공경스러움만이 감통할 수 있다. 이 마음의 가지런하고 밝고 진실하고 공경스러움에 나아가면 귀신과 감통할 수 있으므로, 생명이 있는 부류가 감통함이 손바닥 뒤집는 것과 같다.

| 14-55 | 질문: "살아서는 순리에 따르고 죽어서는 평안하니,[8] 평안함과 평안하지 못함은 어떻게 구별되는가?" 대답: "나는 성인이 아래로부터 배워서 위에 이르고[9] 우러러보아 하늘에 부끄럽지 않고 굽어보아 사람에게 부끄럽지 않다는 것만을 알 뿐이다.[10] 육신에는 삶과 죽음이 있지만, 도에 오고 가는 것이 있는가? 그런데 또한 어찌 아득히 먼 데서 찾을 수 있겠

成帝"等語, 其理未嘗不到, 而言涉熟易, 尚未盡脫詮解耳!

| 14-54 | 生人相與, 各有耳目心思, 則可以言語相通, 意氣感召. 若鬼神無形與聲, 言語意氣俱用不著, 惟是此心之齋明誠敬, 可以感通. 卽此心之齋明誠敬, 可以通鬼神, 則於有生之類, 感之如運掌耳!

| 14-55 | 問: "存順殁寧, 寧與不寧, 何別哉?" 曰: "余知聖人之下學上達, 俯仰無愧怍爾. 身有死生, 道有去來耶? 而又安能索之茫茫乎? 若曰寧與不寧, 靡有

---

8   存吾順事, 沒吾寧也.(張載, 「西銘」)
9   子曰, "莫我知也夫!" 子貢曰, "何爲其莫知子也?" 子曰, "不怨天, 不尤人, 下學而上達. 知我者其天乎!"(『論語』, 「憲問」)
10 仰不愧於天, 俯不怍於人.(『孟子』, 「盡心上」)

태상 노원 서용검 선생

는가? 만약 평안함과 평안하지 못함을 말한다면 분별이 없다. 비단옷과 고기음식이면 안락함이 이미 족한데, 어찌 띠풀 지붕에 흙 계단과 거친 밥을 먹고 팔을 베고 눕는 데서 찾는가?[11] "말하는 데 거리낌 없는 것은 입과 혀의 욕망이고, 소리와 색깔에 내키는 대로 하는 것은 귀와 눈의 욕망이다. 거리낌 없고 내키는 대로 하면 입과 혀, 귀와 눈이 유쾌하니, 이것 가운데 골몰한다. 입과 혀, 귀와 눈은 욕망으로 일체가 되면서 또한 제각기 기능을 담당하는데, 그 속에서 골몰하는 것을 마멸시킬 수 있겠는가?"

|14-56| 마음에서 구하는 것은 마음의 성스러움을 추구하는 것이고, 성인에게서 구하는 것은 성스런 마음을 추구하는 것이다. 사람은 그 마음을 순수하게 할 수 없으므로 마음씀씀이에 치우치고 뒤섞임을 면치 못한다. 성인은 사람 마음이 똑같이 그러한 바를 먼저 얻었으므로, 마음을 다하는 것은 반드시 성인에게서 징험해 보아야 한다.

|14-57| 지극히 바른 역량을 기르는 것은 삼

分別. 將錦衣肉食榮樂已足, 何取於茅茨土階蔬水曲肱也." 曰: "善不善者與化徂矣, 善惡不同, 徂有二耶?" 曰: "辟之放言, 口舌之欲耳; 恣聲色, 耳目之欲耳. 一放一恣, 口舌耳目以爲愉快, 此中槹杌也. 口舌耳目有成有壞, 此中槹杌可磨滅乎?"

|14-56| 求之於心者, 所以求心之聖, 求之於聖者, 所以求聖之心. 人未能純其心, 故師心不免於偏雜, 聖人先得其心之同然, 故盡心必證之聖人.

|14-57| 發育峻極

---

11   子曰, "飯疏食飮水, 曲肱而枕之, 樂亦在其中矣. 不義而富且貴, 於我如浮雲."(『論語』, 「述而」)

천삼백[12]의 미세한 데서 벗어나지 않지만, 요순의 신실한 일처리[13] 또한 오로지 "교화시켜 방탕한 욕망에 빠지지 않게 하고, (적재적소에 사람을 임용하여) 뭇 관직이 비지 않게 하는 것"[14]을 급선무로 하였으니, 대개 하늘이 변치 않으니 도 또한 변하지 않으므로,[15] 기준이 본디 이와 같다.

|14-58| 지극한 선함이란 우리 인간 본래 마음의 역량이라, 원래 결함이 없어 안배할 필요가 없다. 생각함이 반드시 지극히 선해야 하는 것은 마치 눈이 반드시 밝고 귀가 반드시 밝고 해와 달이 반드시 비추고 강과 내가 반드시 흐르는 것과 같다.

|14-59| 사람의 정신은 저절로 세상에 쓰이고 저절로 세상에서 벗어난다. 움직이고 정지하고 말하고 침묵하면서 날마다 세상 사람들과 교류하니, 이것이 쓰이는 까닭이다. 그런데 움직이고 정지하고 말하고 침묵하는 것이 하나같이 그 본래의 앎에 따른 것이니, 위로는 사적인 의견을 개입시켜 남다른 것을 추구하지

之體量, 不出於三千三百之細微, 而堯, 舜之兢兢業業, 亦惟以 "無教逸欲, 無曠庶官"爲先務, 蓋天不變, 則道亦不變, 極固如是也.

|14-58| 至善者, 吾人本心之分量也, 原無欠缺, 不假安排. 心思之必至善, 猶目之必明, 耳之必聰, 日月之必照臨, 江河之必流行也.

|14-59| 人之精神, 自能用世, 自可出世. 作止語默, 日與天下相交接, 此所以用也. 而作止語默, 一率其本然之知, 能高不參以意見而求

---

12 "禮儀三百, 威儀三千."(『中庸』)
13 "旱旣大甚, 則不可推. 兢兢業業, 如霆如雷."(『詩經』, 「大雅」, "雲漢")
14 "無曠庶官, 天工人其代之."(『書經』, 「皐陶謨」)
15 "道之大原出於天, 天不變, 道亦不變."(『漢書』, 「董仲舒傳」)

않을 수 있고 아래로는 탐욕을 개입시켜 남을 좇지 않을 수 있으면, 종일토록 확연하고 종신토록 순응할 수 있다.[16]

| 14-60 | 추로수가 말했다. "그대는 인을 추구하는 것을 종지로 삼고 배움에 실제적 성과가 있으며 공자를 목적으로 삼으니, 배우지 않는 일이 없고 공자에게서 징험하지 않는 배움이 없다고 하겠습니다. 다만 일삼는 바가 없을 때에는 배움이 무엇이며 일을 처리하고 사람들과 교류하는 번잡함은 또한 일일이 공자에게서 징험할 겨를이 없으니, 배움에 머뭇거리고 망설이며 어찌할 겨를도 없이 다급한 것을 도리어 적절하고 견고한 것이라고 여깁니다. 생각이 일어나면 변화하지 않으니, 장차 무엇으로 바로잡을 것입니까?" [선생이] 말했다. "군자는 본성의 회복[復性]을 배움으로 삼으므로, 반드시 배움으로써 닦아 증득해야 한다. 그런데 공자를 따르는 이들이 또한 매번 일삼는 바가

異, 卑不入以貪慾而徇人, 終日廓然, 終身順應. 能之, 則爲善而務遷之; 未能, 則爲過而務改之. 久久成熟, 純乎率性之道, 所以用世而實出世也.

| 14-60 | 鄒瀘水云: "公以求仁爲宗旨, 以學爲實功, 以孔氏爲正鵠, 而謂無事不學, 無學不證諸孔氏. 第不知無所事事時, 何所爲學, 而應務酬酢之煩, 又不遑一一證諸孔氏, 而學之躊躇倉皇, 反覺爲適, 爲固. 起念不化, 將何以正之?" 曰: "君子以復性爲學, 故必以學爲修證. 而步趨孔子者, 亦非無所

---

16 "廓然而大公, 物來而順應."(程顥, 『定性書』) 외물과 접촉하지 않았을 때에는 하늘처럼 넓어 공평하고, 외물과 접촉하였을 때는 사물의 이치에 따른다.

없을 때가 아니면 무엇을 배우며, 일을 처리하고 사람들과 교류할 때에는 또한 배운 것을 일일이 징험하지만, 오로지 일용상행에서는 적감[17]을 나누지 않고 겸허하게 배우며 수시로 자신을 책려하여[務遜志時]¹⁸ 하늘이 내린 표준¹⁹에 부합하게 되며 오래 되면 장차 수양이 이르게 되어 도가 그 몸에 쌓이게 되니, 대개 참된 경지이다. 자공은 많이 배워서 박식했는데, 바로 일일이 징험한 덕분이었다. 자하는 샛길로 빠져 장주를 배웠는데, 그 배움이 자신의 본성에 가까운 데로 나아가고 성인을 준거로 삼지 않았기 때문이다."

|14-61| 모발과 피부, 골격, 지각과 운동은 사람이 살아가는 바탕이다. 그런데 모발과 피부, 골격, 지각과 운동의 표출은 자연스레 항상 존재하며 풍성하게 더욱 표출되고 확연하여 다함이 없는 것은 사람이 살아가는 이치이다. 종합해서 말하면 도이고, 핵심적으로 말하며 인이며, 자신이 감당하는 것으로 말하면 의지이다. 이 밖에 부귀는 외물이며, 공명은 그림자 같은 일에 속한다. 대개 모발과 피부, 골격, 지각과 운동에서는 서로 친하지만, 본디 그러하

事事之時, 作何所學, 應務酬酢之際, 又一一證所學, 但惟日用尋常, 不分寂感, 務遜志時敏其間, 以會降衷之極, 久之將厥修乃來, 道積于厥躬, 蓋眞際也. 子貢多學而識, 正坐一一以求證. 子夏之徒流而爲莊周, 其學焉而就其性之所近, 未範圍於聖人故也."

|14-61| 髮膚, 骨骼, 知識, 運動, 是人所爲生也. 而髮膚骨骼知識運動之表, 有所然而常存, 淵然而愈出, 廓然而無際者, 是人所以生也, 統言之曰道, 要言之曰仁, 以身任之曰志. 外此而富貴

17　"易無思也, 無爲也, 寂然不動, 感而遂通天下之故."(『周易』, 「繫辭下」)
18　"惟學遜志, 務時敏, 厥修乃來."(『書經』, 「說命下」)
19　"惟皇上帝, 降衷於下民."(『書經』, 「湯誥」)

고 그윽히 그러하고 확연하게 그러한 것에서는 상관이 없다. 모발과 피부, 골격, 지각과 운동에서는 서로 친한 것은 다함이 있고 쇠락할 수 있다. 모발과 피부, 골격, 지각과 운동에서는 상관이 없는 것은 다함이 없고 쇠락할 수 없다. 쇠락할 수 있는 것은 삼재의 정치함이 아니요, 쇠락할 수 없는 것은 실로 천지와 그 덕이 합치하는 것이다.

『난유어록』

|14-62| 학문에는 여러 갈래가 없으며, 단지 자신의 본분으로 돌아와야 한다. 이를테면 사람이라면 이목의 총명함이 있으니, 총은 타고난 귀 밝음이요 명은 타고난 눈 밝음이며, 다시 추호도 더하고 뺄 것이 없다. 뛰어난 사람은 소리 없는 소리를 듣고 색깔 없는 색깔을 보려 하지만, 어찌 소리와 색깔에서 벗어날 수 있겠는가? 열등한 사람은 더러 음탕한 소리와 사악한 색깔에 빠져 방탕해져서 돌아올 줄 모르니, 모두가 자기 본래의 총명을 상실한 것이

則爲外物, 功名則屬影事, 蓋於毛髮, 骨骼, 知識, 運動者爲相親, 而於然, 淵然, 廓然者無所與. 於毛髮, 骨骼, 知識, 運動相親者, 有盡者也, 可朽也; 於髮膚, 骨骼, 知識, 運動無所與者, 無盡者也, 不可朽也. 可朽者, 非三才之精; 而不可朽者, 實與天地合其德也.

『蘭遊錄語』

|14-62| 學無多歧, 只要還他本等. 如人之爲人, 以有耳目聰明也. 聰是天聰, 明是天明, 於聰明之外, 更加損不得分毫. 高者欲聽無聲之聲, 視無色之色, 然安能脫離聲色? 卑者或溺於淫聲邪

다. 오로지 예가 아니면 보지 말고 예가 아니면 듣지 않아야 본연의 모습에 합치되니, 이에 천칙을 본다. 예라는 것은 천칙이요, 사람이 만들어 낼 수 있는 것이 아니다.

|14-63| 만약 고정관념에 사로잡혀 삶과 죽음을 믿지 않는다면, 『중용』에서 왜 지극한 성실함은 그침이 없다고 말하겠는가? 이 이치는 사람을 낳으면 바야흐로 있게 되는 것이니, 태어나지 않았는데 이미 변화된 후에 모두 그치겠는가? 아니면 높고 밝고 유구하여 한량이 없는 이치가 천지와 다르겠는가?

|14-64| 나의 도는 하나로 꿰뚫어 있으니, 만약 단지 생각만을 이해하고 용모와 말투에서 흐름을 관통하지 못한다면, 결국 공부가 막히는 병폐에 이르게 될 것이다. 배움을 논하는 이들이 대부분 본체에 대해 말하기를 좋아하면서 "이 본체는 우주를 가득 채우고 있으니, 어떻게 마음속에서 이 본체를 잡을 것인가?"라고 말한다. 반드시 항상 보편적인 사고를 배워야 한다. 우리들은 평상시에 곧바로 천고의 성인 정신을 가지고 체회하여 요순이 어떠했는지, 문왕·주공·공자·맹자는 어떠했는지, 그 이후의 유자들은 어떠했는지 물어야 한다. 이것은 인물을 비교하여 평하는 것이 아니라

色, 流蕩忘返, 皆失其本聰本明, 惟非禮勿視, 非禮勿聽, 是爲合其本然, 乃見天則. 禮者, 天則也, 非人之所能爲也.

|14-63| 如執定不信生死, 然則『中庸』何以言至誠無息? 將此理生人方有, 未生旣化之後俱息耶? 抑高明博厚悠久無疆之理, 異於天地耶?

|14-64| 吾道一以貫之, 若但理會念慮, 而不能流貫於容色詞氣, 畢竟是功夫滯塞之病. 述學者多喜談存本體, 曰"此體充塞宇宙, 如何在方寸中執得此體?" 須常學常思. 吾輩尋常間, 直須將千古聖人精神都來體會過, 堯, 舜是如何? 文, 周, 孔, 孟是如

태상 노원 서용검 선생

바로 옳고 그름을 증명하려는 것이다. 만약 단지 한곳에서만 모색하고 헤아린다면, 어떻게 학문사변이라 부를 수 있겠는가?

|14-65| 질문: "선생은 이미 생사의 설을 비판하지 않았는데, 어찌 그것을 전문적으로 다루지 않습니까? 그리고 본성을 논하고 학문을 논하는 것은 무엇 때문입니까?" 대답: "본성이 오상을 따르고 학문이 본성의 회복을 추구하는 것을 지극히 공정한 도이다. 이와 같이 살고 이와 같이 죽는다면, 어찌 그릇되겠는가. 생사를 전문적으로 논하여 생은 붙어 있는 것이고 사는 돌아가는 것이라고 한다면, 개인적인 생각일 따름이다."

|14-66| 깊고 얕음은 원래 두 갈래 길이 있는 것이 아니다. 즉 아버지와 아들, 군주와 신하, 지아비와 지어미의 윤리 같은 것은 내외를 합치는 도인데, 이 일상생활은 얼마나 얕고 가까운가? 그러나 이 도리는 인위와 관련이 없고 천칙이 저절로 거기에 있으므로, "고요하고 깊으니 그 연못이로다."[20]라고 한다. 여기에서 힘

何? 以下儒者是如何? 此非較量人物, 正是要印正從違. 若只在一處摸所測度, 如何叫做學問思辨?

|14-65| 問: "先生既不非生死之說, 何不專主之? 而曰性, 曰學, 何也?" 曰: "性率五常, 學求復性, 大公至正之道也. 如此而生, 如此而死, 何不該焉. 專言生死, 生寄死歸, 自私耳矣."

|14-66| 淺深原無兩路, 即如父子君臣夫婦之倫, 合內合外之道, 此日用尋常, 何等淺近! 然此理不涉人爲, 天則自在, 故謂之淵淵其

---

20 "唯天下至誠, 爲能經綸天下之大經, 立天下之大本, 知天地之化育. 夫焉有所倚? 肫肫其

을 얻으면 바야흐로 하학상달이다. 깨달음이란 이것을 깨닫는 것이요, 면밀함이란 이것을 면밀하게 하는 것이다. 있고 없는 사이는 원래 본연의 모습인데, 집착하여 도리어 막히는 것은 지식의 해라고 한다.

|14-67| 효효囂囂[21]는 자득함을 말하니, 반드시 덕을 존숭하고 의를 즐겨야 자득할 수 있다. 덕의德義는 어떤 형상이 있는가? 우리가 이때 앉으나 서나 겸양하여 반드시 서로 편안하려 하고 정신이 조화롭고 평안하여 막힘이 없는 것, 이것이 바로 이른바 덕의이다. 덕의는 자신이 저절로 갖고 있는 것이므로, 의를 잃지 않으면 곧 자신을 얻게 된다. 자신을 얻는다는 것은 그 마음을 얻는 것이다.

|14-68| 조화를 통해 초목과 금수가 생겨나니, 모두 정해져 있어서 바꿀 수 없다. 사람은 이목구비가 태어나면서 오로지 똑같아서 다시 나눌 수 없다. 성인을 바라고 현인을 바라는 것은 사람이 스스로 원함으로 말미암는 것으로, 조화가 사람에게 기대하는 것이 매우 두터움을 볼 수 있다. 사람은 하늘의 뜻을 우러러

淵. 於此得力, 方是下學上達. 悟者悟此, 密者密此. 有無之間, 原是本然, 執之反滯, 是謂知識之害.

|14-67| 囂囂言自得也, 必尊德樂義, 斯可以自得. 德義有何名象? 卽吾輩此時行坐謙讓, 必要相安, 精神和適不滯, 是卽所謂德義也. 德義, 己所自有也, 故不失義乃爲得己. 得己者, 得其心也.

|14-68| 造化生草木鳥獸, 都一定不可移易. 人則耳目口鼻, 生來只是一樣, 更不分別. 希聖希賢, 由人自願, 可見造化待人甚厚, 人不

仁! **淵淵其淵!** 浩浩其天! 苟不固聰明聖知達天德者, 其孰能知之?"(『中庸』32장)

21 孟子謂宋句踐曰, "子好遊乎? 吾語子遊. 人知之, 亦囂囂. 人不知, 亦囂囂."(『孟子』「盡心上」9) "囂囂, 自得無欲之貌."(『孟子集註』)

이으려고 생각할 수 없도다.

|14-69| 질문: "생사의 설을 묻습니다." 대답: "비유하자면 붕우가 여기 있는데 만약 착실하게 절차탁마하지 않으면 헤어진 후에 유감이 있게 된다. 살아서 순리에 따르면 죽어서 편안하다[22]는 것 또한 이와 같다."

|14-69| 問"生死之說". 曰: "譬如朋友在此, 若不著實切磋, 別後便有餘憾. 存順歿寧, 亦復如是."

|14-70| 질문: "무엇을 일러 천하의 위대한 근본이라 합니까?" 대답: "마침 밖에 나갔는데, 길에서 아이가 어머니에게 아프게 매 맞으면 아이가 죽을 듯이 우는 것을 보게 됩니다. 이윽고 어머니가 가면 아이는 어머니의 옷자락을 잡고 돌아와서, 끝내 차마 버리지 못합니다. 이것이 바로 천하의 위대한 근본이 아닙니까?"

|14-70| 問: "何謂天下之大本?" 曰: "適從外來, 見街頭孩子被母痛笞, 孩子叫苦欲絶. 已而母去, 孩子牽母裾隨之而歸, 終不忍舍. 是非天下之大本乎?"

|14-71| 질문: "필부가 도를 닦으면 명성이 마을에서 벗어나지 않는데, 어떻게 한 시대의 모범이 되게 할 수 있습니까?" 대답: "이를테면 우리가 배에 있는 것과 같아서, 하나의 일이 도에 합치되면 천만세의 행위가 결코 이 범위를 벗어날 수 없고, 하나의 말이 도에 합치되면 천만세의 말이 결코 이 법도를 저버릴 수

|14-71| 問: "匹夫修道, 名不出於閭里, 何以使一世法則?" 曰: "卽如吾輩在舟中, 一事合道, 千萬世行者, 決不能出此範圍; 一言合

---

22   "存吾順事, 沒吾寧也."(張載, 「西銘」)

없다. 만약 이와 같지 않다면, 그 행위가 반드시 후회가 적기 어렵고 그 말이 반드시 허물이 적기 어려우니, 이것을 일러 세상의 법칙이라고 한다."

|14-72| 배우는 이들은 성체가 어떠한지는 말할 필요가 없고, 단지 성을 다스리는 공부가 어떠한지 말해야 한다. 우임금의 치수사업과 같으니, 어찌 물이 맑은지 탁한지 혹은 차가운지 따뜻한지 따질 필요가 있겠는가. 단지 물길을 터서 바다로 들어가게 할 뿐이다. 만약 단지 물이 어떠한지 말하면, 비록 치수와 민수[23]를 구분하고 삼협을 나누더라도, 결국 치수사업과는 전혀 상관이 없을 것이다.

|14-73| 사람이 소인이 되는 것이 어찌 그 본성이겠는가? 애초에는 또한 잠시 기지를 발휘하는 데서 생겨나 점차 습관화되고 익숙해져서 악에 빠지는 데 이르고도 스스로 알지 못하는 것이다.

|14-74| 질문: "학문에 어찌 중단이 있겠습니

道, 千萬世言者, 決不能舍此法度. 苟不如此, 其行必難寡悔, 其言必難寡尤, 此之謂世法世則."

|14-72| 學者不消說性體如是如是, 只當說治性之功如何. 如禹治水, 何曾講水清水濁, 水寒水溫, 只是道之入於海耳. 若但說水如何, 縱然辨淄, 澠, 分三峽, 畢竟於治水之事分毫無與.

|14-73| 人之爲小人, 豈其性哉? 其初亦起於乍弄機智, 漸習漸熟, 至流於惡而不自知.

|14-74| 問: "學問

---

23   치수(淄水)는 산동성에 있는 치하(淄河)로, 무래현(萊蕪縣) 동북쪽에서 발원하여 임치시(臨淄市) 동쪽을 거쳐 바다로 들어간다. 민수(澠水)는 산동성 치박시(淄博市) 동북에서 발원하여서 북쪽으로 흘러 시수(時水)로 들어간다. 치수와 민수는 비슷한 곳에 있지만 구별할 필요가 있다고 하여, '치민지변'(淄澠之辨)이라는 말이 있다.

까?" 선생이 말했다. "학문에는 변하는 것도 있고 변하지 않는 것도 있다. 이를테면 여러분이 재합에서 정좌하고 있는 것은 하나의 광경이고, 이때 모여서 강하는 것이 하나의 광경이며, 밝은 아침에 조회에 달려가는 것도 하나의 광경이고, 조회가 파하여 부서에 들어가 일을 처리하는 것도 또한 하나의 광경이며, 이는 변하는 것들이다. 그러나 정좌할 수 있고 모여서 강할 수 있고 조회에 달려갈 수 있고 일을 처리할 수 있는 것은, 오히려 변하지 않는 것들이다. 우리는 여기서 그 변하는 것에서 체회해야 해야 하며, 철저하게 체회하면 막힘없이 응용할 수 있을 것이다. 그 변하지 않는 것에서 철저하게 체회하면, 주재함이 항상 편안하게 된다. 두 가지가 서로 참조되면, 우리 심체에 중단이 없고 학문에도 중간이 없게 된다."

|14-75| 시작이 없는 때로부터 살펴보면 인생 백 년이 한순간이고, 만물로부터 계산해 보면 사람은 그중에 하나의 티끌이다. 그러나 이 한순간 하나의 티끌이 자기에게 있어서는 지극히 커서 밖이 없는 것이고 무궁하게 지속되는 것이다. 배우는 이들이 여기서 주공의 우러름[24]과 위대한 우임금의 시간 아낌이 없을 수 있겠는가!

安得無間斷?" 先生曰: "學有變者, 有不變者. 如諸公在齋閣靜坐, 是一段光景; 此時會講, 是一段光景; 明旦趨朝, 又是一段光景; 朝罷入部寺治事, 又是一段光景, 此其變者也. 然能靜坐, 能會講, 能趨朝, 能治事, 却是不變者. 吾儕於此, 正須體會於其變者, 體會得徹, 則應用不滯. 於其不變者, 體會得徹, 則主宰常寧. 二者交參, 吾心體無間, 學問亦無間."

|14-75| 自無始槪之, 人生百年爲一息; 自萬有計之, 人於其中爲一塵. 然此一息一塵, 在自己分上, 蓋其大無外, 其久無窮也. 學者於此, 可無周公之仰

思, 大禹之惜陰耶!

|14-76| 孔門之求仁, 卽堯, 舜之中, 『大學』之至善, 而『中庸』 所謂未發之中也. 故專求性, 或涉於虛圓而生機不流; 專求心, 或涉於情欲而本體易淆. 惟仁者, 性之靈而心之眞, 先天後天, 合爲一致, 形上形下, 會爲一原, 凝於沖漠無眹, 而生意盎然, 洋溢宇宙. 以此言性, 非枯寂斷滅之性也, 達於人倫庶物, 而眞體湛然, 迥出塵累. 以此言心, 非知覺運動之心也, 故孔子專言仁, 傳之無弊.

|14-77| 問: "夫人

|14-76| 공문孔門에서 인을 추구하는 것은 바로 요순의 중中이요 『대학』의 지선至善이며 『중용』에서 말하는 미발의 중이다. 그러므로 오로지 성을 추구하면 더러 허원[25]에 빠져 생기가 흐르지 않고, 오로지 마음을 추구하면 더러 정욕에 빠져 본체가 흐려지기 쉽다. 오직 인자만이 본성이 영명하고 마음이 진실하며, 선천과 후천이 합치되고 형이상과 형이하가 하나의 근원으로 모이며, 지극히 고요하여 아무런 조짐이 없는 데[26]서 엉기고 생의가 충만하여 우주에 넘쳐나게 된다. 이것으로써 성을 말하면, 메마르고 고요하며 중단되고 소멸하는 성이 아니며, 인류와 만물에 이르러 진정한 본체가 그윽하여 세속의 굴레에서 멀리 벗어나게 된다. 이것으로써 마음을 말하면, 지각운동하는 마음이 아니다. 그러므로 공자는 오로지 인을 말하여 전함에 폐단이 없었다.

|14-77| 질문: "대저 사람은 어린아이의 마음

---

24 『맹자』에서 주공을 칭송할 때 한 말이다. "周公思兼三王, 以施田事. 其有不合者, 仰而思之, 夜以繼日, 幸而得之, 坐以待旦."(「離婁下」)
25 허원(虛圓)은 반지름이 음수인 원으로, 실제 평면상에 그릴 수 없다.
26 "沖漠無眹, 萬象森然已具, 未應不是先, 已應不是後."(『二程遺書』 권15)

을 잃지 않아야 합니다." 답변: "어린아이로부터 장성해서 늙음에 이르기까지 그 다른 점은 지식의 넓이와 경험의 성숙 여부이다. 타고난 본래의 마음에는 어찌 다른 점이 있겠는가? 어린아이의 경우 배우지 않고 생각하지 않는 것[27]과 대인의 경우 있으면 신묘하고 지나가며 교화되는 것[28]이, 마치 하늘을 찌르는 나무가 싹틀 때의 생의는 원래 바뀐 적이 없는 것과 같다. 이것이 옛날 학문이다. 옛사람은 어린아이가 본래 갖고 있는 것으로부터 배워 나갔으므로, 은미한 것으로부터 두드러진 것까지,[29] 성실함으로 말미암아 드러나는 것까지,[30] 바랄 만한 것으로부터 크게 교화시키는 것까지,[31] 결국 그 본래의 마음을 잃지 않았다. 후대 사람들은 어린아이가 갖고 있지 않은 것으로부터 배워 나갔으므로, 기력이 날마다 채워지고 견문이 날마다 넓어지고 지식이 날마다 풍부해져도 본래 있던 마음은 갈수록 그 진실함을 상실하여 용렬한 사람이 아니면 소인이 될 뿐

不失其赤子之心."
曰: "自孩提至壯老, 其不同者, 才識之遠近, 經歷之生熟耳. 若其天然自有之心, 安所不同? 在孩提爲不學不慮, 在大人爲存神過化, 如干霄之木, 仍是萌蘗時生意, 原未曾改換. 此古學也. 古人從赤子所固有者學去, 故從微至著, 由誠而形, 自可欲至於大而化之, 總不失其固有之心. 後人從赤子所未有者學去, 故氣力日充, 見聞日廣, 智識日繁, 而固有之

---

27 "人之所不學而能者其良能也, 所不慮而知者其良知也."(『孟子』「盡心上」)
28 "夫君子所過者化, 所存者神, 上下與天地同流, 豈曰小補之哉!"(『孟子』「盡心上」)
29 "所以然者, 士必從微而至著, 功必積小以至大, 豈有未任而已成, 用而先達也?"(『周書』「蘇綽傳」)
30 "小人閒居爲不善, 無所不至, 見君子而后厭然, 揜其不善, 而著其善. 人之視己, 如見其肺肝然, 則何益矣. 此謂誠於中, 形於外, 故君子必愼其獨也."(『大學』)
31 "可欲之謂善, 有諸己之謂信, 充實之謂美, 充實而有光輝之謂大, 大而化之之謂聖, 聖而不可知之之謂神."(『孟子』「盡心下」)

이다."

| 14-78 | 벗들과 앉아 있다가 밤에 헤어졌다. 선생이 말했다. "여러 움직임이 이미 그치고 천뢰가 스스로 울리니, 울리는 것이 밖에 있는 것이 아니요 듣는 것이 안에 있는 것이 아니며 하늘과 사람이 하나이다. 이 하나임이 그치지 않아서 주야의 도에 통하여 이것을 안다면, 도에 가까울 것이다."

| 14-79 | 오강재[32]가 말했다. "삼강오륜은 천하의 원기이니, 한 몸과 한 가정에서 또한 그러하다." 원기가 없으면 천하와 국가가 무너질 것이다. 배우는 이들은 강상의 중요함을 알아야 하니, 강상을 북돋우는 것이 원기를 북돋우는 길이다. 설혹 온 세상이 혼란스러워도 대장부가 강상의 무거움을 자임할 수 있으면 맨손으로 착수해도 원기를 북돋을 수 있을 것이다.

| 14-80 | 입지가 이미 진실하면 귀함을 실천에서 차질이 없는 데 있다. 실천에서 하나의 차질이 생기면 결국 길을 잃고 헛되이 고생하

心愈久愈失其眞, 不爲庸人, 則爲小人已矣."

| 14-78 | 與友人坐, 夜分, 先生曰: "羣動旣息, 天籟自鳴, 鳴非外也, 聽非內也, 天人一也. 一此不已也, 通乎晝夜之道而知此, 其庶幾乎!"

| 14-79 | 吳康齋謂 "三綱五常, 天下元氣, 一身一家亦然." 無元氣則天下國家墮矣. 學者要知以綱常爲重, 扶綱常所以扶元氣也. 卽使擧世皆亂, 大丈夫能自任以綱常之重, 卽一入赤手, 可扶元氣.

| 14-80 | 罔路, 徒自罷苦, 終不能至. 問: "安得不差?" 先

32　강재(康齋)는 오여필(吳與弼, 1391-1469)의 호이다.

여 결국 이르지 못하게 된다. 질문: "어찌해야 차질이 없을 수 있습니까?" 선생이 소리 높여 말했다. "결코 눈을 감고 길을 걸어가지 말라."

|14-81| 인성의 허령함은 마음과 이목만 한 것이 없다. 눈이 보는 것은 세간의 색에서 벗어나지 않지만, 그 보는 것의 본래 밝음은 색에 물들지 않는다. 귀가 듣는 것은 세간의 소리에서 벗어나지 않지만, 그 들음의 본래 밝음은 소리에 뒤섞이지 않는다. 마음이 생각하는 것은 세간의 일에서 벗어나지 않지만, 그 생각함의 본래 깨어 있음은 일로 인해 어지러워지지 않는다. 배우는 이가 마음 깊이 탐구하여 이목과 심사의 위대한 근원을 확연히 보아 총명예지의 타고난 능력에 도달할 수 있으면, 종일 보아도 색에 휘둘리지 않아 이 색진色塵세계에서 벗어나고, 종일 들어도 소리에 휘둘리지 않아 이 성진聲塵세계에서 벗어나고, 종일 생각해도 일에 휘둘리지 않아 이 법진法塵세계에서 벗어날 수 있다. 비록 하늘을 이고 땅을 밟아도 벗들과 만물이 이미 천지만물 밖에 초연해 있다. 이와 같이 세속에서 벗어나면 얼마나 간이한가? 여기에 이르지 못하면, 비록 몸이 비비상처33에 이르러도 또한 생사 중에 있는 사

生震聲曰: "切莫走閉眼路."

|14-81| 人性之虛而且靈者, 無如心與耳目. 目之所視, 不離世間色, 然其視之本明, 不染於色. 耳之所聽, 不離世間聲, 然其聽之本聰, 不雜於聲. 心之所思, 不離世間事, 然其思之本覺, 不溺於事. 學人誠能深心體究, 豁然見耳目心思之大原, 而達聰明睿知之天德, 則終日視不爲色轉, 卽出此色塵世界; 終日聽不爲聲轉, 卽出此聲塵世界; 終日思不爲事轉, 卽出此法塵世界, 雖曰戴天履地,

---

33 비비상처(非非想處)는 불교의 '구지'(九地) 중 아홉 번째 것으로, 유상(有想)을 버리는

람이다.

友人羣物, 已超然天
地民物之外.　如此
出世, 豈不簡易? 未
達此者, 縱身世走至
非非想處, 亦是生死
中人.

비상(非想)의 선정과 무상(無想)을 버리는 비비상(非非想)의 선정을 함께 닦아 비상
과 비비상을 함께 체득하는 경지 또는 마음 상태이다. 일반적으로 무색계 제4천(無色
界 第四天)이라고 한다.

명유학안 권15,
절중왕문학안5

明儒學案　卷十五,
浙中王門學案　五

도독 녹원 만표 선생

都督萬鹿園先生表

|15-1| 만표(萬表, 1498-1566)는 자字가 민망民望이고 호는 녹원鹿園이며, 영파위의 세습 지휘첨사이다. 열일곱 살에 관직을 세습하였는데, 독서하며 옛 것을 배워 유생의 본분을 잃지 않았다. 본래의 순서를 굳게 지켜 편안하고 담백한 것을 선생은 좌우명으로 삼았다. 정덕 경진년(1520) 무회시에서 등제하여 절강파총, 서도지휘첨사, 독운, 절강장인도지휘, 남경대교장좌영, 조운참장, 남경금의위, 첨서광서부총병, 좌군도독조운총병첨서, 남경중군도독부를 역임했다. 가정 병진년(1556) 정월에 죽었다. 향년 59세이다.

|15-1| 萬表字民望, 號鹿園, 寧波衛世襲指揮僉事. 年十七襲職, 讀書學古, 不失儒生本分. 寇守天歒勉以寧靜澹泊, 先生揭諸座右. 登正德庚辰武會試, 歷浙江把總, 署都指揮僉事, 督運, 浙江掌印都指揮, 南京大教場坐營, 漕運參將, 南京錦衣衛, 僉書廣西副總兵, 左軍都督漕運總兵僉書, 南京中軍都督府. 嘉靖丙辰正月卒, 年五十九.

|15-2| 선생은 조운에 공이 있었다. 크게 세 가지이다. 하나, 세 길로 조운을 하여 예기치 못한 경우에 대비했다. 창위후부를 설치하여 매년 10분의 2를 징발하여 중도에서 배로 운송하고, 봉양 각 부의 곡식을 가지고 변량을 거쳐 무양에 이르렀는데 육로로 70리를 지나 위휘로 옮기고 위하를 거쳐 수도에 이르렀다. 송강과 통태에는 모두 사선沙船이 있고, 회안에는 해선이 있어서, 늘상 바다를 거쳐 산동에 이르러 무역을 하였는데, 마땅히 남경 각 총 가운데 배가 부족한 위에 분배하여 송강과 태창의 곡식 중 매년 4,5만 석을 천진에 운반하고 해운 옛길에 보관하였다. 이에 조하와 합쳐서 세 가지가 되었다. 하나, 원칙을 두되 융통성을 발휘했다. 풍년에는 쌀이 흔하므로 온전히 본래 분량대로 운송하고, 재난에 부닥치면 분량을 절감해 주었다. 모든 본래의 분량이 수도에 이르면 네 석이 한 석에 이르고, 지급할 때에는 한 석이 불과 은 3전과 교환된다. 외부에서 교환할 때에는 매 석 7전이다. 만약 수도의 쌀값이 비싸면 본래의 분량을 풀고, 쌀값이 싸면 절감해 준 분량을 풀어 한 석으로 두 석을 감당하게 한다. 이것은 조운에서 상평의 법[1]을 행한 것이다. 하나, 법을 입안한 최초의

|15-2| 先生功在漕運, 其大議有三: 一, 三路轉運, 以備不虞. 置倉衛輝府, 每年以十分之二撥中都運船, 兌鳳陽各府糧米, 由汴梁達武陽, 陸路七十里, 輸於衛輝, 由衛河以達於京. 松江, 通泰俱有沙船, 淮安有海船, 時常由海至山東轉貿, 宜以南京各總缺船衛分坐, 兌松江, 太倉糧米, 歲運四五萬石達於天津, 以留海運舊路. 於是幷漕河而爲三. 一, 本折通融. 豐年米賤, 全運本色, 如遇災傷, 則量減折色. 凡本色至京, 率四石而致一石, 及其支給, 一石不過易銀

---

1   상평법은 고대의 쌀값 조절방법으로, 창고를 지어 곡식을 보관하다가 쌀값이 내리면

의의에 근본하였다. 천하의 세운선 운행은 각 배에 군기 십여 명으로 총 10여만 명이며, 매년 수도에 모여 훈련을 그치지 않고 무기를 갖추었다. 이같은 수도 병영 외에 해마다 근왕사 십만을 두어 변경을 탄압했다. 여타의 이폐에 대해서 만전을 기하여 시행해서 한때 효과를 거두자 사람들이 모두 기이하게 여겼다. 그 큰 것은 결국 시행하지 못했다. 왜구의 난에 선생은 친히 적진에 뛰어들어 어깨에 화살을 맞았다. 그가 계획한 것은 또한 간섭을 많이 받았으므로, 분노를 죽을 때까지 잊지 않았다.

|15-3| 선생의 학문은 용계(龍溪, 王畿, 1498-1583), 염암(念菴, 羅洪先, 1504-1564), 서산(緒山,

三錢; 在外折色, 每石七錢. 若京師米貴, 則散本色, 米賤, 則散折色, 一石而當二石. 是寓常平之法於漕運之中. 一, 原立法初意. 天下運船萬艘, 每艘軍旗十餘人, 共計十萬餘人, 每年轉集京師, 苟其不廢操練, 不缺甲仗, 是京營之外, 歲有勤王師十萬彈壓邊陲. 其他利弊纖悉萬全, 擧行而效之一時者, 人共奇之. 其大者卒莫之能行也. 倭寇之亂, 先生身親陷陣, 肩中流矢. 其所籌畫, 亦多掣肘, 故忠憤至死不忘.

|15-3| 先生之學, 多得之龍溪, 念菴,

가격을 올려 사들이고 쌀값이 오르면 가격을 내려 쌀을 푸는 것이다. 한나라 선제(宣帝) 때 처음으로 실시했다.

도독 녹원 만표 선생

錢德洪, 1496-1574), 형천(荊川, 唐順之, 1507-1560)에게서 얻은 것이 많았지만, 선학禪學으로 귀결되었다. 당시 동남지방에서 강회가 매우 성행하였는데, 선생은 간여하기를 좋아하지 않아서 다음과 같이 말했다. "이 사람들은 도를 닦으려고 마음먹지 않고 단지 문호에 기대고자 할 뿐이니, 종일 함께 이야기해도 정신만 허비할 뿐 서로 무슨 유익함이 있겠는가? 비유하자면 숫돌로 단단한 쇠를 갈면 설사 조금씩 점차 갈아지기는 하겠지만 숫돌 자신이 손상되는 것 또한 많은 것과 같다."

선생은 일찍이 이렇게 말했다. "성현은 절실하게 공부하려 할 때 격물보다 앞세운 것이 없다. 대개 나의 마음은 본래 다 갖추고 있다. 격물이란 내 마음의 일을 바로잡는 것이다. 정욕과 의견에 가리워져 본체가 처음에는 어두운데, 반드시 일체를 소탕하고 오로지 내 마음을 보고서 바로잡고 또 바로잡아 궁구할수록 더욱 정밀해지면 본체라는 것이 비로소 드러나게 되니, 이것이 격물이다. 격물하면 앎은 저절로 이르게 된다."

용계龍溪가 말했다. "고인의 격물에 관한 설은 뭇 성인이 경륜한 실학이다. 양지의 감응을 물物이라 하니, 이것은 양지가 응취되어서 나온 것이다. 격물은 치지가 실로 착수하는 곳이며, 인륜물리(倫物)와 감응하는 데서 벗어나지

緒山, 荊川, 而究竟於禪學. 其時東南講會甚盛, 先生不喜干與, 以爲"此輩未曾發心爲道, 不過依傍門戶, 雖終日與之言, 徒費精神, 彼此何益? 譬礪石之齒頑鐵, 縱使稍有漸磨, 自家所損亦多矣."

先生嘗言: "聖賢切要工夫, 莫先於格物, 蓋吾心本來具足, 格物者, 格吾心之物也, 爲情欲意見所蔽, 本體始晦, 必掃蕩一切, 獨觀吾心, 格之又格, 愈研愈精, 本體之物, 始得呈露, 爲格物. 格物則知自致也."

龍溪謂: "古人格物之說, 是千聖經綸之實學. 良知之感應謂之物, 是從良知凝聚出來. 格物是

않으면서 진실을 증득하는 것이다. 격물을 떠나서는 앎이 이룰 수 없다. 유가가 불가 및 도가와 미세하게 다른 점이 바로 여기에 있다."

사실 선생이 논한 격물이 가장 합당하다. 바로잡고 또 바로잡은 연후에 본체가 드러나는 것은 바로 백사(白沙, 陳獻章, 1428-1500)의 '양출단예'(養出端倪)[2]이다. 송대 유학자들이 말한 미발기상 또한 바로 이것이다. 용계의 윤물감응이 또한 어찌 이것을 버리고 다른 공부가 있을 수 있겠는가? 단지 두 사람이 말한 물(物)이 다르니, 용계가 말한 물은 실이고 선생이 말한 물은 허이다.

모든 세상이라는 것은 본체라는 것에 포섭되며, 본체라는 것 또한 어찌 일찍이 윤물에서 벗어나겠는가? 그러나 두 사람이 모두 선학에 정통하여, 선생이 말한 본체가 드러난다는 것은 진공眞空이고, 용계가 말한 본체가 드러난다는 것은 묘유妙有이다. 송대 유학자들 및 진헌장이 논한 것과 비슷하지만 차이가 있으니, 배우는 이들이 또한 마땅히 분별해야 한다.

致知實下手處, 不離倫物感應而證眞修. 離格物則知無從而致矣. 儒與二氏毫釐不同, 正在於此."

其實先生之論格物, 最爲諦當. 格之又格, 而後本體之物呈露, 卽白沙之'養出端倪'也. 宋儒所謂未發氣象, 亦卽是此. 龍溪之倫物感應, 又豈能舍此而別有工夫? 第兩家之言物不同, 龍溪指物爲實, 先生指物爲虛.

凡天下之物攝於本體之物, 本體之物又何嘗離倫物哉! 然兩家皆精禪學, 先生所謂本體呈露者, 眞空也; 龍溪離物無知者, 妙有也, 與宋儒, 白沙之論, 雖似

---

2   "獻章之學, 以靜爲主. 其敎學者, 但令端坐澄心, 於靜中養出端倪."(『明史』「陳獻章傳」)

선생이 수도에 갔을 때 조정길[3]이 교외로 방문하여 선학에 대해 담론했다. 논의가 격렬하였는데, 선생은 예예하며 답하지 않았다. 대주가 크게 기뻐하며 돌아와 다른 사람에게 "오늘 만록원을 물리쳤다."고 말했다. 육수성[4]이 그 말을 듣고 웃으며 말하기를 "이것은 녹원이 대주를 물리친 것인데, 어찌 대주가 녹원을 물리쳤다고 말하는가."라고 했다. 척현[5]이 선생을 만났을 때 놀리며 말하기를, "녹원은 돌아다니는 선승으로 불리는데, 사실 이치를 깨닫지 못했으니 가짜 화상이로다."라고 했다. 선생이 말하기를, "남현은 학문 높은 유학자로 불리는데, 사실 견성하지 못했으니 어리석은 수재로다."라고 했다. 서로 크게 웃었다. 선생은 말하거나 침묵을 지키거나 이처럼 선문의 설법이 아닌 것이 없었다.

『녹원어요』

|15-4| 배움은 돈오하지 않으면 곧 언어에

而有差別, 學者又當有辨矣.

先生如京師, 大洲訪之郊外, 與之談禪. 議論蜂湧, 先生唯唯不答. 大洲大喜, 歸語人曰: "今日降却萬鹿園矣." 陸平泉聞而笑曰: "此是鹿園降却大洲, 何言大洲降却鹿園也." 戚南玄與先生遇, 戲曰: "鹿園名爲旅禪, 實未得理, 是假和尙." 先生曰: "南玄名爲宗儒, 實未見性, 是癡秀才." 相與大笑. 先生一默一語, 無非禪機如此.

『鹿園語要』

|15-4| 學不頓悟,

3 조정길(趙貞吉, 1508-1576)의 호는 대주(大洲)이고, 자는 맹정(孟靜)이다.
4 육수성(陸樹聲, 1509-1605)의 호는 평천(平泉)이고, 자는 여길(與吉)이다.
5 척현(戚賢, 1492-1553)의 호는 남현(南玄)이고, 자는 수부(秀夫)이다.

매여서 비록 지극히 정밀하고 절실한 데 이르더라도 결국 문자에 대한 견해에서 벗어나지 않는다. 성학 공부는 오로지 격물에 달려 있다. 이른바 격물이란 자기 마음의 물을 격하는 것이다. 무릇 자기 심성에서 투철하게 이해하지 못한 것은 모두 격이라고 말할 수 없다. 돈오하여 견성에 이르면 철저하게 밝고 맑아 일체의 정경에 의해 휘둘리지 않는다. 마치 거울이 사물을 비추는 데 남기는 것이 없듯, 마치 새가 공중을 나는 데 공중에 새의 자취를 남기지 않듯. 일상생활에서 감응함에 순수하게 진실하고 전일하여 천성의 유행이 아님이 없고 예단이 없고 보내고 마중함이 없으며, 인식을 융해하여 참됨으로 돌아가며 감정을 돌이켜 본성으로 돌아가 전체가 모두 인한 것이다.

|15-5| 세상에서 극기를 논함에 안회를 논함이 천박하도다! 대저 보고 듣고 말하고 움직임에 빠져드는 것도 자기이고, 보고 듣고 말하고 움직임을 그치는 것도 자기이며, 보고 듣고 말하고 움직임에 빠져들지 않거나 그치지 않는 것 또한 자기이다. 예란 중이니, 바로 나의 본성이요 인의 체로서 그 사이에 추호도 사념을 용납하지 않는다. 그러므로 생각이 없고 작위가 없이 감응하여 마침내 통하며, 의식하지 않고 알지 못하는 사이에 하늘의 법칙을 따르니,

才涉語言, 雖勘到極精切處, 總不離文字見解. 聖學功夫, 只在格物. 所謂格物者, 格其心之物也. 凡不於自己心性上透徹得者, 皆不可以言格. 到得頓悟見性, 則徹底明淨, 不爲一切情景所轉. 如鏡照物, 鏡無留物; 如鳥飛空, 空無鳥跡. 日用感應, 純乎誠一, 莫非性天流行, 無擬議, 無將迎, 融識歸眞, 反情還性, 全體皆仁矣.

|15-5| 世論克己, 淺之乎其論顏子也! 夫視, 聽, 言, 動而溺焉, 己也; 視, 聽, 言, 動而止焉, 己也; 視, 聽, 言, 動而不溺不止焉, 亦己也. 禮者, 中也, 卽吾之性也, 仁之體之, 不可絲毫容意於其間

[자기를] 이김이 지극한 것이다.

|15-6| 서산(緒山, 錢德洪, 1496-1574)이 '수방심설'[6]을 가지고 선생에게 질의했다. 선생이 말했다. "그대는 '아직 놓아 버리지 않은 마음을 구하여 외물로 달려가지 않게 한다.'고 했는데, 제어하는 바가 있는 것이 아닙니까? 구한다[求]는 것은 찾는다는 뜻입니다. 진실로 그 본체를 찾으면 천만 가지 변화가 어지럽게 일어나도 모두 이 본체의 드러남이니, 놓아 버리거나 놓아 버리지 않음이 없습니다. 그 본체를 얻지 못하면 수시로 보존한다 해도 놓아 버린 것과 같습니다. 마음으로 마음을 제어하니, 이것은 둘로 만든 것입니다. 그 옳은 것을 따르고 그 그른 것을 제거하는 것은 취하고 버리는 마음을 잊지 않은 것입니다. 이것은 바로 알고 의식한 것이요 의식하지 않고 알지 못하는 것이 아니니, 모두가 놓아 버린 것입니다. 그대는 '본성은 떨어질 수 없으니, 또한 어떻게 놓아 버리는가?'라고 했습니다. 맞습니다! 그리고 또 말하자면, '외물로 달려간다고 했는데, 또한 누가 달려가는 것입니까?'"

也, 是故無思無爲, 感而遂通, 不識不知, 順帝之則, 克之至也.

|15-6| 緒山以'收放心說'質先生. 先生曰: "子謂'求之未放之心, 使不馳於物', 無乃有以制之乎? 求是尋求之義, 苟求得其體, 則千條萬緒, 紛然而馳者, 皆此體之呈見, 即無放與不放也. 不得其體, 雖時時存之, 猶放也. 以心制心, 是二之也. 循其所是而去其所非, 是取舍之心未忘, 乃知識也, 非不識不知也, 皆放也. 子謂'性不可離, 又惡得而放'? 是矣! 而又云'馳於物', 又誰馳也?"

---

6 "雖收放心, 閑之維艱."(『書經』「畢命」)

|15-7| 혹자가 '간이하고 초탈함[易簡超脫]'에 대해 물었다. 선생이 말했다. "성명은 현묘하여 예단할 수 없으며, 간이하고 초탈함은 오로지 묘오에 있다. 만약 간이하고 초탈하고자 하면 곧 간이하고 초탈하지 않게 된다. 대개 깨달음이 들어오면 곧 그 막힌 곳을 바로 초탈하게 된다. 지금의 초탈은 바로 막힘이다. 이것을 일러 현관이라고 한다. 만약 마음에 초탈하지 않은 곳이 있으면 놓아 버리지 말고 지극히 정밀하게 생각하고 다른 사람의 언어문자를 따라 이해하지 않으면 저절로 깨달음에 들어가는 길이 있게 되니, 초탈함과 막힘이 저절로 서로 방해가 되지 않게 된다. 이 막힌 곳이 바로 격하는 곳이고 바로 현관이니, 성명을 참조하는 요처가 여기서 벗어나지 않는다."

|15-8| 유병헌이 '자비해탈'의 설에 대해 물었다. 선생이 말했다. "다른 사람에 대해 사랑하지 않음이 없는 것이 자비입니다. 탐관오리가 사람을 해치는 것을 의연히 제거하는 것이 해탈입니다. 두 가지를 그대가 행했으나, 단지 시절 인연을 한번 보았을 뿐입니다."

|15-9| 계신공구가 비록 공부이지만 실로 작

|15-7| 或問'易簡超脫'. 先生曰: "性命玄妙, 更無可擬議, 易簡超脫, 只在妙悟. 如欲易簡超脫, 便不易簡超脫也. 蓋悟入, 即其礙處, 便是超脫. 今之超脫, 便是滯礙. 此即謂之玄關. 若於方寸不超脫處, 不要放過, 極精研思, 不隨人語言文字作解, 自然有個悟入處, 則脫灑滯礙自不相妨也. 即此滯礙處, 便是格, 便是玄關, 便是參性命之要, 無出於此."

|15-8| 有兵憲問'慈悲解脫'之說. 先生曰: "於人無所不愛, 是爲慈悲. 貪官汚吏之害人者, 毅然去之, 是爲解脫. 二者惟君所行, 但看時節因緣一見之耳."

|15-9| 戒愼恐懼,

용이 없다. 보이지 않고 들리지 않는 곳은 의식하지 않고 알지 못하는 곳이니, 바로 언제나 계신공구해야 한다. 그러므로 말하기를, '보이지 않고 들리지 않는 곳이 바로 계신공구하는 곳이다.'라고 한다. 인심에 어찌 이 네 글자를 보탤 수 있겠는가? 두 가지 의미가 각기 다르고 체용이 지극히 미묘하므로, 모름지기 정밀하게 살펴야 한다.

|15-10| 염암(念菴, 羅洪先, 1504-1564)이 터득한 바로써 스스로 입증하려 했다. 선생이 답했다. "형이 일찍이 진심을 일으켰으니, 본디 이 경지에 들어감이 마땅합니다. 그러나 이것은 오히려 해오와 연관되니, 곧바로 옳다고 할 수 없습니다. 바로 힘써 궁구해서 반드시 이 장애물을 모두 제거하여 부딪히는 곳마다 밝게 알고 곳곳에서 명료하면 이것이 바로 진심지성[7]이니, 모름지기 추호도 지난 일이 좋았다고 스스로 속이지 말아야 합니다. 첫째, 입으로만 성명을 말하는 벗들을 멀리하고 그들이 혼동을 일으켜 도리어 가리고 자기 마음을 보지 못하는 것을 두려워해야 합니다. 둘째, 일체의 세상일을 모두 간파하여 이 천성의 작용에 방해가 되지 않게 해야 합니다. 원컨대 형께서

雖是工夫, 實無作用. 不睹不聞, 卽是不識不知, 便常是戒愼恐懼矣, 故曰: '不睹不聞卽戒愼恐懼也.' 人心上何可加此四字? 二義各殊, 而體用極爲微妙, 須精察之.

|15-10| 念菴以所得相證. 答曰: "兄夙發眞心, 固應有此入處. 然此猶涉解悟, 未可遽以爲是. 正好著力研窮, 必盡去此礙膺之物, 觸處洞然, 頭頭明了, 此便是盡心知性, 須一毫不要自瞞過去爲好. 第一要遠口談性命之友, 懼其作混, 轉爲所蔽, 不見自心. 第二要將一切世事俱看得破, 方

---

7 "盡其心者, 知其性也, 知其性則知天矣."(「孟子 · 盡心上」)

더욱 진중해지고 더욱 정채해져서 마치 나무를 비벼서 연기를 내듯 결코 멈추지 말아야 할 것입니다."

|15-11| 가정 경인년(1530)에 선생과 심재(心齋, 王艮, 1483-1541), 동곽(東廓, 鄒守益, 1491-1562), 남야(南野, 歐陽德, 1496-1554), 옥계가 금릉[8] 계명사[9]에서 회동했다. 선생이 『병회시病懷詩』를 지어 서로 질정했는데, 그 두 번째는 다음과 같았다. "서른에 처음으로 배움에 뜻을 두었는데, 덕을 세움은 언제이런가? 지난 일은 이미 후회가 있으니, 차라리 다시 여기에 힘써야 하리라. 벼슬에 나아감도 배움이 아닌 것이 없으나, 마음을 열어 이것을 믿지 못하누나. 기꺼워하고 미워함이 어찌 다르겠는가? 이것들을 모두 생각해 왔노라. 어찌 격물을 귀히 여기지 않으리오, 궁구함이 지극하면 바로 진정한 앎이로다. 달려나가 내 마음 밖에서 구하니, 치광癡狂을 결국 어찌하리오! 우리 중노인들이 없다면, 만세에 장차 누가 스승이 되리오?" 심재의 화답시는 다음과 같다. "인생에 지학을 귀히 여기니, 오로지 시시로 익혀야 한다. 천

不礙此性天作用. 願兄愈加珍重, 愈加精彩, 如鑽木逢煙, 切莫住手."

|15-11| 嘉靖庚寅, 先生及心齋·東廓·南野·玉溪會講於金陵雞鳴寺. 先生出『病懷詩』相質, 其二曰: "三十始志學, 德立待何時? 往者旣有悔, 寧當復怠茲. 由仕莫非學, 開心未信斯. 悅惡一何殊? 此皆嘗在思. 豈不貴格物, 窮至乃眞知. 馳求外吾心, 癡狂竟何爲! 微吾魯中叟, 萬世將誰師?" 心齋和詩曰: "人生貴知學, 習之惟時時. 天命是人心, 萬

---

8 금릉(金陵)은 현재의 남경(南京)으로, 중국 4대 古都의 하나다. "六朝古都", "十朝都會"로 불린다.

9 계명사(雞鳴寺)는 南京에서 가장 오래된 사찰 중 하나로, 300년에 건립되었다. 남조 시기 불교의 중심지였으므로, 자고로 "南朝第一寺"로 불렸다.

명이 바로 인심이니, 만고에 이것을 바꿀 수는 없다. 솔개와 물고기가 위아래서 밝혀 주니,[10] 성성이 여기에 근본한다. 편안히 이 본성을 따르며, 작위하지 않음이 또한 생각에 달려 있다. 나의 스승이 우리에게 가르치기를, 본성이 바로 양지라고 했다. 송대에 진정한 유자가 있었으니, 『통서』[11]에서 물었도다. 누가 천하에서 뛰어나뇨, 오로지 성인 스승이로다."

古不易茲. 鳶魚昭上下, 聖聖本乎斯. 安焉率此性, 無爲亦在思. 我師誨吾儕, 曰性卽良知. 宋代有眞儒, 『通書』或問之. 曷爲天下善, 曰惟聖者師."

---

10 "鳶飛戾天, 魚躍於淵."(「詩經 · 大雅 · 旱麓」)
11 『통서(通書)』는 북송의 학자 주돈이(周敦頤, 1017-1073)의 저술이다.

|15-12| 왕종목(王宗沐, 1524-1592)은 자(字)가 신보新甫이고 호는 경소敬所이며, 금화 임해臨海 사람이다. 가정 갑진년(1544) 진사가 되었다. 비부比部[1]에 있을 때 왕원미王元美와 함께 시사를 만든 일곱 사람 가운데 하나이다. 오랫동안 번얼藩臬[2]을 역임했다. 하운河運이 어려움에 처했을 때 선생은 우부도어사로서 조총의 옛 법을 조사하여 한때 조운 업무를 정리하였다. 그러나 조운 길이 하나여서 믿을 만하지 못할 때를 염려하여 해운海運을 강구해서 먼저 300척을 구축하여 시험해서 효과를 거두었다. 그 후에 관의 방해를 받아 파직되었다. 만력 3년(1573) 공부시랑이 되었다가 곧 형부로 옮겼다.

|15-12| 王宗沐字新甫, 號敬所, 台之臨海人. 嘉靖甲辰進士. 在比部時, 與王元美爲詩社, 七子中之一也. 久歷藩臬. 值河運艱滯, 以先生爲右副都御史, 査復祖宗舊法, 一時漕政修擧. 猶慮運道一線, 有不足恃之時, 講求海運, 先以遮洋三百艘試之而效.

---

1 비부(比部)는 명청시대에 형부(刑部)와 그 부속 관리를 가리킨다.
2 번얼(藩臬)은 번사(藩司)와 얼사(臬司)를 말하며, 명청시대에 포정사(布政使)와 안찰사(按察使)의 병칭이다.

선생은 구양남야(歐陽德, 1496-1554)를 사사했는데, 어려서는 유교와 불교에 들어갔다가 이윽고 "이른바 양지라는 것은 하늘에서는 그치지 않는 천명이요 사람에게는 쉼이 없는 본체이니, 바로 공자의 인이다. 배움은 그 그침이 없음을 추구할 뿐이다."라는 것을 알았다. 유교와 불교를 구분하여, "불교는 내면에 몰두하고 속학은 외면으로 치닫는데, 성인은 내외를 합하여 하나로 한다."라고 했다. 이것 또한 구경의 논의는 아니다. 대개 유교와 불교는 이 그침이 없는 본체를 같이하지만, 불교는 그 유행만을 보고 유교는 오로지 그 진상眞常을 볼 뿐이다. 선생이 말한 '그치지 않음[不息]'이란 것은 오히려 불교의 견해가 아닌가!

학문을 논한 글

│15-13│ 그대는 말하기를, "격물의 '격格'을 '거격去格'으로 해석하려고 한 연후에 서로 밝히면 폐단이 없을 수 있다."고 했습니다. 그러나 내가 크게 보면, 이미 "천하의 만상이 모두 눈빛

其後爲官所阻而罷. 萬曆三年, 轉工部侍郎, 尋改刑部. 先生師事歐陽南野, 少從二氏而入, 已知"所謂良知者, 在天爲不已之命, 在人爲不息之體, 卽孔氏之仁也. 學以求其不息而已". 其辨儒釋之分, 謂"佛氏專於內, 俗學馳於外, 聖人則合內外而一之". 此亦非究竟之論. 蓋儒釋同此不息之體, 釋氏但見其流行, 儒者獨見其眞常爾. 先生之所謂'不息'者, 將無猶是釋氏之見乎!

論學書

│15-13│ 公云: "格物欲釋作格之去格, 然後互相發明, 可以無弊." 然僕卽渠言

이 이뤄 낸 것이고 시방의 국토가 모두 본체가 드러난 것이다."라고 했으니, 자연히 천하의 사물이 다시 나에게 장애가 되는 것이 없습니다. 또한 어찌 반드시 격거格去한 연후에 얻겠습니까? 사물은 격하면 취하고, 취하고 버림이 있으면 단지 자기 본성에 내외가 있을 뿐만 아니라, 정자는 이미 그것이 그르다고 말했으며, 또한 각종 선택이 또한 불가의 상승3이 아닙니다. 이것은 마음에 자연히 하나의 병폐를 더한 것으로, 더욱 서로 밝히기 어렵습니다. 더욱이 이른바 바로잡아서 제거한다면, 자기도 장차 모두 바로잡아서 제거할 것입니까? 그런 것도 있고 그렇지 않은 것도 있는 것입니까? 모두 바로잡아서 제거하면 안 되고, 그렇지 않다면 다한 것이 아닙니다. 세상에는 군신부자와 같은 큰 것과 곤충초목과 같은 작은 것이 있는데, 어떤 것을 바로잡아서 제거하고 어떤 것을 남겨야 합니까? 만물이 있지 않음이 없는 것이 도의 본체이고, 포함하지 않는 것이 없는 것이 마음의 본체이고, 만물에 일관하는 것이 성인의 학문이며, 법계에 두루 퍼져 있는 것이 붓다의 종지입니다. 더욱이 외물을 격거하여 앎이 지극하기를 구하면, 앎이 의지할 것이 없게 됩니다. 그 치지의 치 자에 대해서도 또한 해

觀之, 旣云"天下之萬象, 皆目光所成, 而十方之國土, 皆本體所現", 則自於天下之物無復有礙我者, 又何須格去而後爲得乎? 物有格則有取, 有取有舍, 則不惟以己性爲有內外, 程子已言其非, 而種種簡擇, 亦非佛家上乘. 是於心上自加一病, 而愈不可以相發明矣. 且所謂格之使去, 己則將盡格之乎? 有格有不格者乎? 盡格則不可, 有不格則未盡, 世間自君臣父子之大, 以及於昆蟲草木之細, 何者當格去而何者當留乎? 無物不有者, 道之體也; 無物不包涵者,

---

3   상승(上乘)은 불교에서 가장 뛰어난 교법을 말한다.

석할 수 없게 됩니다. 그대가 편지에서 보여 준 취지는 대략 세상에서 파악하고 지지하는 것이 마음에 하나의 일을 덧보태는 것으로서 성인의 학문이 아닌 듯하므로 이 법문을 세워 해탈하게 하려는 것입니다. 무릇 파악하여 지지하는 것은 참으로 그르지만, 타고난 자질이 다르고 깨달은 견해도 다르니, 참으로 상근기에 대해 그대와 같이 한다면 되지만, 초학의 경우에는 이와 같이 말하면 그릅니다. 만약 점차 선으로 들어가 아득하여 착수할 데가 없게 한다면, 또한 처음에는 듣고 즐겨하다가 마침내 장차 의지할 바가 없게 될까 두렵습니다.

【「구로강에게(與裘魯江)」】

|15-14| 학술이 다기함은 천고에 개탄하는 바입니다. 대체로 지엽적인 것들을 얽어매고 언사로 수식하면, 사람들이 각기 본 것을 근거로 삼으므로 다름이 있게 됩니다. 만약 실제로 본체로부터 공부하면 태초부터 오늘에 이르기까지 오로지 한 마음이 있을 뿐이니, 다시 어찌

心之體也; 以一貫萬物者, 聖人之學也; 徧周法界者, 佛之旨也. 且格去外物, 以求致知, 則知無所麗. 其於致知致字, 亦微有不可解者. 公翰示之旨, 大約以爲世之把捉矜持者, 於心上加一事, 似非聖人之學, 故立此法門, 令其解脫. 夫把捉矜持者, 誠非矣, 然資稟不同而悟見有異, 誠使上根如公則可, 若初學而語之以此則非. 惟使其漸入於禪, 而茫無下手, 亦恐其始聞而樂, 而終將無據爾.

【「與裘魯江」】

|15-14| 學術參差, 千古所歎. 大約以粉綴枝葉, 與夫修飾詞說, 則人各以見爲地, 故有不同. 若實落從本體用功, 則自

다름이 있겠습니까? 여기에서 소략함과 정밀함, 돌아가는 길과 지름길이 있지만 또한 목전의 다름일 뿐이니, 공부의 궁극에 이르러서는 당연히 또한 멀지 않습니다. 복통에 비유하자면, 주무르는 자가 가볍고 무겁게 손을 쓰면 아픈 사람은 저절로 느끼는데 그 어머니가 사랑하지 않는 것은 아니지만 특별히 주물러도 결코 또한 고통의 실상을 느끼지 못하는 것과 같습니다. 공부의 완급은 모두 이와 같아서, 대질해 보면 다름이 있지만 모두 잊거나 조장하는[4] 것이 아니며 또한 가지런하지 않은 것이 아닙니다. 오직 공허한 말로 고상함을 다투므로 같지 않을 수 없으니, 마치 쌀의 무게를 헤아리면 많고 적음을 말하기 어려운 것과 같습니다. 이것이 내가 문하의 대체적인 견해에 영합할 수 없는 이유입니다. 천지의 화육을 경영함[5]에 위아래가 있지만, 마음에는 두 베풂이 없어서 크든 작든 요컨대 모두 그침이 없는 그릇을 만족시키려는 것입니다. 이로부터 말하자면, 내가 문하의 소견에 대하여 같지 않을 수 없었던 것입니다. 문하에서는 외물이 곧 마음이며 격과 정감을 두 가지 의미로 보고자 했으므로, 격물을 격심으로 여겨 신독에 합치시

開闢以至今日, 惟有一心, 更何不同之有? 卽於此有疏密迂徑之差, 亦不過目前殊異, 至其收功結局, 當亦不遠. 其嘗譬之腹痛, 而撫者輕重下手, 痛人自得, 其母非不愛之, 然特爲之撫, 決亦不能得痛之實際也. 功夫緩急皆是, 對質施爲, 卽有不同, 皆非忘助, 亦非參差. 惟空言爭高, 卽無不同, 猶之指米意量, 多寡難信, 此某所不能仰合於門下之大略也. 彌綸參贊, 著有上下, 心無二施, 或小或大, 要之皆滿其不息之體量. 由此言之, 某於門下所

---

4 "必有事焉而勿正, 心勿忘 勿助長也."(「孟子·公孫丑上」)
5 "參贊於地之化育."(「周易·系辭傳」)

컸습니다. 이것이 문하의 종지입니다. 무릇 마음은 만물을 낳는 도에 근본하므로 항상 그 체단에 상응하여 외물은 자성이 없이 마음에 의지한 연후에 주류합니다. 마음이 집착하는 것이 외물이 되는데, 마음에는 정사가 없고 외물에는 선택이 없습니다. 이것이 양명 선생의 격물설이 선유와 다른 점입니다. 그러나 양명은 마음이 감응하는 곳[應處]을 외물로 보았는데, 문하에서는 '응처應處' 두 글자를 가지고 마음이 곧 외물이라고 보았으니, 이것이 또한 문하가 양명 선생과 다른 이유입니다. 그러나 내가 생각해 보면, 무릇 마음이 바르지 않은 연후에 바르지 않은 감응이 있으므로, 여기서 반드시 감응함에 바로잡기를 추구하여 이것으로써 신독에 합치시키면, 그 이치가 다르지 않을 것입니다. 그러나 반드시 이것을 제거하고 마음이 곧 외물이라고 하면, 마음과 외물이 대치해서 확연하게 비교되어 외물을 제거하는 마음을 혹 후생이 살피지 못해서 안은 옳고 밖은 그르다는 견해가 성립할 것입니다. 더욱이 또한 의미가 조야하고 근기가 둔하므로, 오로지 문하에서 투철하게 노력하여 가르침을 세워야 합니다. 근기가 낮으면 의심하기 쉬우므로, 혹 참으로 그렇다는 것을 진심으로 믿으려 하지 않을 것입니다. 무릇 마음이 감응하는 곳이 외물이라는 것과 마음이 곧 외물이라는 것은 또한 손바닥을 뒤집는 것과 같으니, 문하에서 운

見, 未嘗不同也. 門下欲卽物卽心, 而格兼正感二義, 故以格物爲格心, 以合於愼獨, 此門下之旨也. 夫心本生道, 常應乃其體段, 而物無自性, 待心而後周流. 心之所著爲物, 心有正邪, 物無揀擇, 此陽明先生格物之旨所以異於先儒者. 然陽明謂心之應處爲物, 而門下欲正'應處'二字, 以爲卽心卽物, 此又門下之所以異於陽明先生者. 然自鄙心思之, 夫心之不正, 而後有不正之應, 則於此必求所以正其所以應於感化者, 以此合於愼獨, 其理未嘗不同. 然必去此而云卽心是物, 則心物對峙, 歷歷較然, 而除物之心, 或後生不察, 番成是內非

운하는 것이 어찌 '응처應處' 두 글자가 아니면 내외가 있어서 신독에 합치하지 않겠습니까? 그러나 '마음이 곧 부처다'[6]라는 것은 선사가 처음 깨쳤을 때 하는 말이니, 또한 사람들이 집착하여 돌이켜 '마음이 아니고 부처도 아니다'라고 말해서 구제하려고 할까 염려됩니다. 바로 격물로써 신독에 합치시키는 것은 나의 말과 사뭇 통하지만, 반드시 마음이 곧 외물이라고 말하려는 것은 또한 양지가 응용주선하는 곳이 외물이라고 말하는 것만 못합니다. 마치 문하에서 첫 구절을 합당하다고 여기는 것과 같습니다. 대개 이것이 바로 문하에서 고심해서 참으로 절실하게 본 것인데, 선유가 미비하다고 말한 것입니다. 뜻에는 병폐가 없지만 말이 경솔하면, 상처가 없어도 아프며 더욱 문하가 후생과 갈라져 소원하게 될 것입니다.

【「진명수에게(與陳明水)」】

外. 且又義粗機頓, 是惟門下透徹而用以立敎, 若下根易疑, 或未肯帖然信其然耳. 夫心之應處爲物, 與卽心卽物, 亦反覆掌耳, 而門下必云云者, 豈非以纔有應處二字, 則便有內外, 於愼獨有不合耶? 然'卽心卽佛', 道一禪師初悟語, 亦懼人執著, 旋亦云'非心非佛'以救之. 卽以格物合愼獨, 如鄙言頗無不通, 而必欲云卽心卽物, 又不若以良知之應用周旋處爲物, 如門下初句爲穩切也. 蓋此乃門下苦心眞切之見, 爲先儒道其未備, 然意不病而語稍徑, 則無

---

6 "卽心是佛, 亦復如是. 除此心外終無別佛可得, 心卽是佛, 佛卽是心, 心外無佛, 佛外無心."(「達摩血脈論」)

|15-15| 상산의 학문에는 참으로 경영하지 않은 점이 있으니, 바로 절차탁마하고 함양하지 못함에 있으며, 그가 지적한 심체에 병폐가 있는 것은 아닙니다. 요컨대 우리가 삼재를 관통하고 천지의 화육에 참여하고 고금에 통하여 그침이 없는 것은 단지 이 한 가지 일로서, 한번 깨달으면 백 가지에 통하고 한번 이해하면 백 가지를 감당할 수 있으니, 다시 추호도 덧보태거나 얽어맬 수 있는 것이 없습니다. 그러나 절차탁마는 순식간에 길러서 문득 갖춰지는 것이 아니고, 투철한 의지를 쌓아야 비로소 이룰 수 있는 것입니다. 이제 지름길을 좋아하는 마음으로 직절을 추구하고, 공격하는 마음으로 그 경영하지 않은 점을 지적합니다. 그런데 근래에는 또한 상산의 말에 다시 하나의 고정관념을 덧붙이니, 성인은 모두 마음을 스승으로 삼아 손 닿는 데마다 모두 옳다고 합니다. 【「강소봉에게(與江少峰)」】

|15-16| '미발이발'은 『혹문』에 수록된 정자의 문인과 주자의 논의에서 나온 것인데, 많지 않다고 할 수는 없지만 요점을 다 이해할 수는 없습니다. 오늘날의 논의는 더욱 분분합니다.

瘡而傷之, 更費門下分疏與後生耳.【「與陳明水」】

|15-15| 象山之學, 誠有未瑩者, 坐在切磋涵養未能, 非其所指心體有病. 要之吾人所以貫三才, 參天地, 通古今爲不息者, 止此一事, 一悟百通, 一了百當, 非復有纖毫可以加增粒綴者. 然琢磨非頓養蹴具, 積有嚙鐵之志, 乃能有立. 今以好徑之心, 則取其直截, 以攻擊之心, 則指其未瑩. 而近來則又於象山所言上, 更加一味見成, 而聖人皆師心, 隨手拈來盡是矣.【「與江少峰」】

|15-16| '未發已發', 自 『或問』 中所載程子之門人與朱子所論, 不爲不多, 要

이 때문에 실로 성학의 핵심을 분변하지 않을 수 없습니다. 이제 다시 『중용』에서 말한 것을 보면, 말은 비록 분명하지만 [뜻은] 더욱 명료하지 않습니다. 내가 집사[7]가 말한 드러난 마음으로써 말하기를 청해도 되겠습니까? 희로애락은 나와 집사가 발하지 않는 때가 없습니다. 그것이 발할 때에 앎이 희로애락 중에 있다고 한다면, 다시 중절하지 않는 곳이 없을 것입니다. 미발의 중은 보통사람에게 모두 있습니다. 만약 앎이 희로애락 중에 있지 않다고 한다면, 달리 내부에 주재하는 것이 있어서 외물에 따라 대응한다고 할 것입니다. 이제 나와 집사가 화낼 때를 보면, 앎이 어디에 있습니까? 앎은 기뻐하고 화내는 순간에 지적할 수 없습니다. 만약 배우는 이들은 단지 미발에서 구해야 한다고 한다면, 나와 집사의 미발시 공부는 앎이라고 할 수 있습니까? 아니면 오직 이발에서 구해야 합니까? 이미 구할 줄 알면 지각한 것이고, 지각하면 중절하지 않는 곳이 없으며, 이발의 화는 보통사람들에게 모두 있는 것입니다. 잠잘 때에 비유하면, 알지 못하는 것은 또한 어디에 분속시켜야 합니까? 미발이라고 하면 평소에 꿈꿀 때이고, 이발이라고 하면 아

已不可盡解. 而今日之論, 尤爲紛紛然. 此實聖學頭腦, 不可不辨. 今復以『中庸』爲講, 則辭雖費而愈不明, 僕請與執事道見在之心可乎? 見在心明, 則『中庸』自當了然矣. 喜怒哀樂, 僕與執事無一時不發者也, 當其發時, 若以爲知卽在喜怒哀樂中, 則不當復有不中節處, 而未發之中, 常人皆有之矣. 若以爲知不在喜怒哀樂中, 則別有一物存主於內, 而隨物應付. 今觀僕與執事之怒時也, 知安在乎? 而知於喜怒之際, 不可指也. 若以爲學者但當求之未發也, 則

---

7   여기서 집사는 이재(李材, 1529-1606, 호는 見羅)를 가리킨다. 말미에 이 편지가 이재에게 보내는 것임(「與李見羅」)을 밝히고 있다.

무엇도 없을 것입니다. 이와 같은 논의는 옳은 듯하면서도 실은 그르며 그른 듯하면서도 또한 옳으니, 참으로 마음의 신명으로써 양쪽을 헤아리지 않고 한곳을 가리키면 혹 옳을 수는 있지만, 요컨대 정묘한 곳은 또한 방소를 정하기 어렵습니다. 그러므로 반드시 스스로 깨우친 연후에 말을 달리하면 비로소 밝게 이해할 것입니다. 만약 그 지극한 바를 논하면 달리한 말이 더욱 군더더기일 것이니, 대개 본체는 그침이 없고 둘이 아닌 것입니다. 그치지 않으면 항상되어 일어나고 소멸함이 없으며, 둘이 아니면 하나가 되어 내외가 없을 것입니다. 이것이 집사가 말한 "적감은 때가 없고, 체용은 경계가 없고 전후가 없으며 내외가 없어 혼연히 일체이다."라는 것입니다. 그러므로 자사는 희로애락이 드러나지 않을 때를 일러 미발이라 하고, 이발한 것은 본체가 조금도 줄일 수 없어서 적이라는 명칭이 있어 소멸하는 모습이 없으니, 양지가 그것입니다. 희로애락이 드러나지 않을 때를 일러 이발이라 하고, 이른바 미발이라는 것은 본체에 조금도 더한 적이 없어서 감이라는 명칭이 있어 일어나는 모습이 없으니, 양지의 묘용이 그것입니다. 배우는 이들이 성인과 다른 이유는 바로 사욕이 어지럽게 일어나서 의견이 번잡하여 일념이 일어나면 순전히 진실함을 잃어서 비록 그 본체는 단절된 적이 없지만 중화에서는 진실로 이미 멀

僕與執事未怒時功夫, 可以打點其爲知者乎? 抑但求之於已發也? 旣知求卽覺, 覺卽無不中節處, 而已發之和, 常人皆有之矣. 比及睡時, 不知又當屬在何處? 以爲未發, 則庸有夢時, 以爲已發, 則無物在. 似此數論, 似是而實非, 似非而亦是者, 良以心之神明, 兩在不測, 指其一處, 未或不是, 而要其精微, 則又難定方所, 以故須由自家帖然後, 下一轉語, 乃見分曉耳. 若論其極, 則一轉語尤爲疣贅, 蓋本體不息, 不貳者也, 不息則常, 無起無滅, 不貳則一, 無內無外, 此執事所謂"寂感無時, 體用無界, 無前後, 無內外, 而渾然一體者也." 故子思

기 때문입니다. 단지 이와 같이 말하면 이미 요설이니, 이것은 반드시 고요한 가운데 정밀하게 계신 공부를 해서 그 공허하고 정명한 것으로 하여금 이른바 본체라는 것을 명료하게 깨달아야, 진정으로 그치지 않고 다르지 않으며 다시 문자와 논설로 다할 수 있는 것이 없습니다. 이것을 알면 저절로 확연해져서, 여타의 논의가 비로소 하나로 돌아가게 될 것입니다.【「이견라에게(與李見羅)」】

指喜怒哀樂未形之時, 而謂之未發, 而其所以爲已發者, 本體分毫不可得而減, 有寂之名, 而無滅相, 良知是也. 指喜怒哀樂有形之時, 而謂之已發, 而其所謂未發者, 本體分毫未嘗有所增, 有感之名, 而無起相, 良知之妙用是也. 學者之所以與聖人異者, 正緣私欲紛拏而意見叢雜, 纔一念起, 漓淳失眞, 雖其本體未嘗斷滅, 而於中和固已遠矣. 只是如此說, 已是饒舌, 此須於靜中密下戒愼功夫, 使其空虛明淨, 了然得所謂本體者, 眞是不息不貳, 無復文字論說所能盡. 知於此, 自有怳然者, 而他歧之論, 始有歸一矣.

【「與李見羅」】

|15-17| 근래 도에 종사하는 자는 더욱 제멋대로여서 자신을 그르치고 타인을 그르칩니다. 마음을 스승으로 삼아 스스로 성인이라 여겨서 감촉하는 곳마다 모두 진실이라 하니, 이는 자신을 가리켜 신선이라고 하는 것과 같습니다. 그러면서 퇴락한 후에는 이미 일원의 처음이 아님을 알지 못하니, 기초를 쌓아 자신을 수렴하는 공부를 어찌 가벼이 폐지할 수 있겠습니까? 곳곳에서 치지하면서 자기중심적으로 생각하여 합치되기를 구하니, 이는 철따라 몸을 조리하는 것을 신선 공부라고 하는 것과 같습니다. 그러면서 혈육의 몸뚱이가 이미 날아가는 도구가 아님을 알지 못하니, 정신을 단련하고 몸을 비우는[鍊神還虛] 공부를 어찌 모두 폐지할 수 있겠습니까? 두 가지 설이 상승작용하여 이것이 옳고 저것은 그르다고 종일 그것에 대해 말하면서 흐르는 물과 같은 세월이 기다려 주지 않음을 모르니, 이미 이 생에 매몰된 것입니다. 그것을 진실이라 말하면 얽매임에서 벗어나지 못하고, 큰 것으로 던지면 두려움에서 헤어나지 못합니다. 만약 공자 문중에 구천지옥이 있다면, 이런 부류는 응당 벗어날 길이 없을 것입니다. 나는 본디 아는 바가 없는데, 어려서 유교와 불교에 들어가 이리저리 치달려 보았지만 모두 깨닫지 못했습니다. 근자에 비로소 이른바 그침이 없는 본체라는 것이 본디 천지에 참여하고 고금을 꿰뚫고 있으

|15-17| 近來從事於道者，更相瞞誑，誤己誤人．師心自聖，則以觸處成眞，是猶指本身之卽仙胎也，而不知破敗之後，已非一元之初，則築基斂己之功，安可輕廢？隨處致知，則以揣摩求合，是猶指節宣之卽是仙功也，而不知血肉之軀，已非飛昇之具，則鍊神還虛之功，安可盡廢？二說相勝，此是彼非，終日言焉而不知流光不待，則已成埋沒此生．語之以眞，則婉纏不透，投之以大，則懾縮不解．若使孔子門中於九泉有地獄，是流當無超度法矣．某本無所知，少自二氏入來，轉徙交馳，俱不得力．近始知有所謂不息之體者，本參

며, 마치 중니(공자)가 요순을 조술한 장처럼 우리가 모두 나눠 받고 있음을 알았습니다. 이 본체를 떠나면 공부가 없으므로 계신은 바로 이 본체를 온전히 하는 것이며, 이 공부를 떠나면 효과가 없으므로 위육[8]은 바로 이 본체를 가득하게 하는 것입니다. 【「섭쌍강에게(與聶雙江)」】

『문집』

|15-18| 성인이 마음에 대해 말함에, 심오하여 조짐이 없는 것은 그 그윽함이며, 감촉하면 바로 움직임이 있는 것은 그 감응함이다. 불교는 그 그윽함을 말하여 원명하고 미묘하다 하고 기이한 것으로 신비화한다. 속학은 그 감응한 것을 이리저리 뒤얽어 넓다고 내세우니, 요컨대 가까이할 것이 없을 수는 없지만 또한 끝내 들어갈 수 없다. 왜 그런가? 가까이할 것이 없을 수 없는 것은 마음에서 말미암고, 끝내 들어갈 수 없는 것은 본체에서 멀기 때문이다. 성인이란 단지 그 그윽함을 말할 뿐만 아니라 사람들이 미묘한 데서 구할까 두려워하며, 단지 그 감응함을 말할 뿐만 아니라 사람들이 형

天地而徹古今, 如仲尼祖述堯, 舜一章, 吾人皆與有貲分焉. 離是體則無功, 故戒愼卽所以完是體也; 離是功則無效, 故位育卽所以滿此體也. 【「與聶雙江」】

『文集』

|15-18| 聖人之言心, 淵然無朕, 其涵也; 而有觸卽動, 其應也. 佛氏語其涵者, 圓明微妙, 而祕之以爲奇; 俗學卽其應者, 粃綴繳繞, 而離之以爲博, 要之不能無所近, 而亦卒不可入. 何者? 其不能無所近者緣於心, 而卒不可入者遠於體也. 聖人者不獨語

---

8   "致中和, 天地位焉, 萬物育焉."(「中庸」)

적에서 구할까 두려워한다. 그러므로 슬퍼함과 기뻐함은 마음의 본체요, 묘당과 묘소를 보고서 감정을 일으키는 것은 그 감응함이다. 본체는 갖추지 않은 것이 없으므로 감촉하지 않음이 없고, 감촉하지 않음이 없으므로 감응하지 않음이 없다. 그 감응한 것으로 말미암아 문식을 하니, 이에 통곡하고 애통해하는 등급이 있고 조두[9]와 벽백[10]의 의례가 있게 된다. 이것이 성인의 학을 하는 까닭이다. 불교는 그 감응함으로부터 거슬러 무로 돌아가려 하므로, 묘지와 묘당 및 슬픔과 공경을 모두 허망하다고 말하고 본성은 이것으로부터 벗어난 것이라고 말한다. 속학을 하는 자들은 이것을 비판하여 말하기를 '이것은 있는 것이다.'고 하며, 그리하여 그 수효를 번잡하게 하고 그 변론을 심오하게 하여 시비를 가리고 따르지 않는다. 그러나 감촉과 감응을 민멸해 버리면 현원과 공적을 본성으로 삼으며 수효와 변론에 빠지면 그 지말을 상세히 하면서 그 원인을 잊어버리는 것임을 알지 못한다. 나는 그래서 말하기를, "선학과 속학에는 끝내 들어가지 말아야 하는 것은 본체에서 멀기 때문이다."라고 한다. 성인이 마음에 대해 말함에 송대 유학자

其涵, 懼人之求於微; 而不獨語其應, 懼人之求於迹. 故哀與欽者, 心之體也; 見廟與墓而興者, 其應也. 體無所不具, 則無所不感; 無所不感, 則無所不應. 因其應而爲之文, 於是乎有哭擗哀素之等, 俎豆璧帛之儀. 儀立而其心達, 而儀非心也. 此所以爲聖人之學也. 佛氏則從其應, 而逆之以歸於無, 曰墓與廟, 哀與敬皆妄也, 而性則離於是者也. 俗學者非之曰: "此有也." 則從而煩其名數, 深其辯博, 而以爲非是則無循也. 然不知泯感與應者, 旣以玄

---

9   조두(俎豆)는 제사에서 사용하는 나무그릇으로, 조에는 고기를 담고 두에는 채소를 담는다.

10   벽백(璧帛)은 벽옥(璧玉)과 사견(絲絹: 비단)으로, 진귀한 예물을 가리킨다.

들에게서 상세하였으며 최후에는 상산 육씨가 나와 세상에서 말하는 뒤얽힌 것들을 모두 제거하고 우리의 감응하는 마음을 곧장 가리켜 말하기를, "폐허가 된 묘지를 보고 슬퍼하며 종묘를 보고 기뻐하는 것은 마음이요, 이 마음의 진위를 변별하는 것은 성학이 여기에 있다."라고 했다. 그 노력한 공이 비록 다소 성급하기는 했으나 감응을 온전히 하여 매우 분명하게 가리켰는데, 속학자들은 그것을 선학이라고 여겼다. 그가 미치지 못한 것은 수효와 변론이다. 아! 상산은 그 감응함을 지적하여 사람들로 하여금 그 그윽함을 구하게 했다. 불교는 그 감응함을 무로 되돌리려 했고, 상산을 감응함에서 형적을 지적했는데 선학이라고 여겨졌다. 그렇다면 성인이 되는 것은 반드시 수효와 변론에 있는 것인가? 의례를 마음으로 행하니, 내가 어찌 슬퍼하고 기뻐할 길이 없겠는가?【「상산집서(象山集序)」】

遠空寂爲性, 而其溺於名數辯博者, 又詳其末而忘其所以然. 予故曰: "禪與俗卒不可入者, 由遠於體也." 聖人之言心, 詳於宋儒, 最後象山陸氏出, 盡去世之所謂繳繞者, 而直指吾人之應心曰: "見墟墓哀而宗廟欽者心也, 辨此心之眞僞, 而聖學在是矣." 其於致力之功, 雖爲稍徑, 而於感應之全, 則指之甚明, 而俗學以爲是禪也. 其所未及者名數辯博也. 嗟乎! 象山指其應者, 使人求其涵也. 佛氏逆其應於無, 而象山指其迹於應, 以是爲禪, 然則爲聖人者, 其必在名數辯博乎? 以儀爲心, 予惡乎哀欽之無從也.

【「象山集序」】

|15-19| 불교는 처음에는 생사화복의 설로써 그 반드시 행해야 하는 바를 이루려 했고, 그래서 그 설을 듣는 데 익숙한 이들이 모두 반드시 얻고자 하는 뜻을 품어 왔다. 비록 미친 사람이나 강인한 병졸이라도 모두 옛 것을 버리고 적막하고 고고한 지향을 좇아서, 심지어는 면벽하고 낭떠러지에서 뛰어내리거나 몸을 자르고 손가락을 불태워도 후회하지 않았으니, 그 의지가 참으로 절실하고 그 행사가 참으로 전일하다. 그러니 어찌 말을 덧붙일 수 있겠는가? 후세에 성학을 말하는 이들은 의지가 본래 성현이 되려는 마음이 아니고 앞사람의 전철을 따르고 습관이 고착화되어, 심지어 그것을 빌려 앞으로 달려 나가는 노력을 멈추었다. 대개 그 마음은 언설이 넓지 못하고 들은 바가 많지 않다고 여겨, 그 말을 실행하지 않았다. 그리고 뛰어난 이들은 처음에는 훈고와 주석에 힘을 다하고 두루 섭렵하여 효과를 거두려 하면서 아침저녁으로 바뀌어 이른바 심신에 통절한 것에서 반대되니, 부족한 것이 있어 미치지 못하는 것이 마땅하다. 이것은 입지立志에서의 과오이다. 불학을 하는 자들은 그 설이 참으로 까마득하고 우원하며 그 행사는 구차하지 않았다. 불법의 전파를 부탁하고 의발을 전수하며 단에 올라 설법하여 안목[具眼]이라 부르면서 그 스승을 계승하고 반드시 진정한 증득으로써 자득하면서 오히려 더러

|15-19| 瞿曇之宗, 其始以生死禍福之說, 濟其必行, 是以習聞其說者, 皆抱必得之志而來, 雖狂夫悍卒, 皆能舍其舊而從於寂寞孤苦之鄉, 甚或面壁投崖, 刲身燃指而不悔者, 其志誠切, 而其事誠專也, 而尚安假於言乎? 後世之言聖學者, 志本非有求為聖賢之心, 因循前却, 與習相成, 甚或姑以是而息其馳驟之倦, 蓋其心以為詞說之不博, 而記聞之不多, 則其言不行. 而其上焉者, 始畢其力於訓註, 涉獵以求為功果, 朝移暮易, 而翻於所謂痛切身心者, 宜其有所遺而不及矣. 此則立志之過也. 為佛者, 其說誠冥漠迂遠, 而其為

감당하지 못했다. 후세에 학문을 말하는 이들은 실제로는 이르지 못했으면서 학설을 세우는 데 급급하여, 참으로 꿰뚫어 봄이 정밀하지 못하고 보는 것은 확정되지 못했다. 그러면서도 이미 사람사람에게 전해지는 바가 되었다. 비록 더러 온당하지 못한 것을 문득 깨우치기도 했지만 심지어 만년에 스스로 후회하면서도 그 책이 마침내 통행되어 이미 고칠 수 없었다. 그 말이 많은데 비록 그 본의에는 그래도 아쉽지 않은 점이 있지만 성인의 도를 포괄해 낼 수 있겠는가! 이것은 입언立言에서의 과오이다. 무릇 불자는 눈 가리는 것을 제거하고 오직 자아관념이 있을까 두려워하는데, 이미 깨달았다고 생각하는 오만한 병폐는 탐욕과 음란에 비할 수 있는데, 종지를 견강부회하여 훼방이라 하고 자신의 옳다고 여기는 계율에 집착하니, [그 병통이] 이와 같이 엄중하다. 오늘날 학자의 논의는 참으로 지혜로운 자의 잘못이 있고 어리석은 자의 얻음이 있다. 만약 그 말이 옳아서 서로 구제하기에 충분하다면, 꼴 베고 나무하는 사람과 비루한 사내도 마땅히 함께 취하여 따라야 할 것이다. 이에 남을 이기려는 마음이 있어서 더러 치우친 데서 근원하여 굳게 집착하기도 하고 더러 서로 굴복하는 것을 치욕으로 여겨 반드시 이기려 하여, 심지어 문호를 달리하기도 하고 또 더러 새장에 갇히니, 또한 말은 많은데 설이 과격한 것

事則未嘗苟也. 付法傳衣, 登壇說法, 號稱具眼, 以續其師者, 必其眞證而自得焉, 而猶或不敢當也. 後世之言學者, 實則不至, 而急於立說, 則固有窺之未精而見之未定者. 固已遂爲人人之所傳矣. 雖其或旋覺於未妥, 甚或自悔於晚年, 而其書遂行, 已不可改. 則其言之多也, 雖其本意尚有未慊, 而況槪之於聖人之道乎! 此其立言之過也. 夫佛者屛除翳障, 獨懼有我, 增慢之病, 比於貪淫, 而强附宗言, 謂之毀謗, 其於執著是己之戒, 若是乎其嚴也. 今學者之論, 誠有智者之失矣, 有愚者之得矣. 苟其言之是而足以相濟

도 기이한 일이 아니다. 이것은 남을 이기려는 마음의 과오이다. 무릇 이 세 가지는 서로 원인이 되어 병통을 이루니, 이른바 본원이 침체되고 뒤얽혀 비록 특출한 재사라도 일단 그 가운데 들어가면 홍기하기도 하고 함몰되기도 하여 스스로 벗어날 수 없다. 그러므로 문자의 해석이 습성에 따르게 되니, 비유컨대 고인이 그림에 뱀 다리를 그리는 것을 지금은 기린의 발톱이라 한다. 분식이 정교할수록 진리에서 더욱 멀어진다. 모든 이와 같은 것들은 선승에게 질정해 보아도 일찍이 이와 같은 것은 없었다.【「상산수언서(象山粹言序)」】

|15-20| 도의 간이함은 외부에서 들어오는 것을 기다리지 않고, 마음의 본체는 보고 듣는 데서 싹트지 않으니, 이것이 공문의 정통이며 우리 유학의 최고 진리이다. 그러나 이치는 안과 밖을 합하고 일에는 정밀함과 조야함이 없으니, 보고 듣는 데서 싫어하는 것은 화려하고

也, 則芻蕘鄙夫固當兼取以從. 於是而乃有勝心焉, 或原於偏倚而執之堅, 或恥於相屈而必其勝, 甚或分門異戶, 又或而藩籬焉, 則亦無怪乎其言之多而說之激矣, 此則勝心之過也. 凡是三者, 相因爲病, 所謂本源, 沉錮纏綿, 雖有特出之才, 一入其中, 足起足陷, 未能自拔, 則文字訓解, 縱其熠然, 譬之古人畫蛇添足, 而今更爲之鱗爪也, 粉飾彌工, 去眞彌遠. 凡若是者, 質之於禪, 曾有不若此.【「象山粹言序」】

|15-20| 道之簡易, 不待於外襲, 而心之本體, 不萌於聞見, 是孔門之的傳, 而吾儒之上乘也. 然理合內外, 而事無精

사치스런 것들이 마음이 매몰되어 융회하여 하나로 귀결되는 곳을 알지 못하기 때문이다. 번뇌와 간난에 이르러서는 백발이 다 닳아도 도에 대해서는 끝내 깨달음이 없게 된다. 이것은 물리치고 배척할 만합니다. 그러므로 이 이치가 사람에게 본래 저절로 각기 갖추어져 있으니, 비유하자면 사지와 오장처럼 각기 태어나면서 갖추고 있습니다. 타고난 기질의 청탁은 모두 같을 수 없으니, 비유하자면 두터움과 얇음 및 차가움과 뜨거움이 각기 다른 것과 같습니다. 성인이 말로써 가르침을 세우고 책을 지어 그릇된 데로 흐르는 것을 막았으니, 비유하자면 사람의 질병에 따라 한열과 상하를 그 치우치게 승한 바에 의거하여 약을 처방하는 것과 같습니다. 비록 『대학』, 『중용』의 경문 같은 공자의 저술이 천명과 인심의 오묘함을 남김없이 말했지만, 참으로 『내경』,[11] 『소문』 같은 연후에 확정되어 바뀌지 않는 법칙이 될 것입니다. 대저 『논어』 같은 경우는 어려움을 묻는 내용이 많이 실려 있는데, 그 사이에 본디 근기에 따라 말하고 사람에 따라 가르침을 베푸는 것이 있습니다. 이를테면 인에 대해서 묻고 효에 대해서 묻는 부류는 이미 전체가 다

粗, 所惡於聞見者, 以其溺心於鬥靡侈觀, 而不知有融會歸一之地, 至有煩苦艱難, 靡敝白首, 而於道卒無得而已焉. 斯爲可擯廢而攘斥也矣. 故此理在人, 本自各足, 譬之五臟四肢, 各具以有生也. 氣稟生質之淸濁不能皆同, 譬之厚薄寒熱之各異也. 聖人用言以設敎, 著書以防流, 譬之因人之病而藥之, 寒熱上下從其所偏勝也. 雖以孔子之書, 如『大學』, 『中庸』經文, 悉言天命人心之奧, 則固若『內經』, 『素問』然後爲一定不易之則. 若夫『論語』多

---

11 『내경(內經)』은 『황제내경(黃帝內經)』의 약칭이다. 『황제내경』은 『영추(靈樞)』와 『소문(素問)』으로 구성되어 있으며, 중국에서 가장 오래된 의서이다.

구비되고 본말이 함께 거론되지 않는 것이 있습니다. 주자와 육상산의 처방은 차가움과 뜨거움이 각기 다르지만, 지극한 도와 온전한 생을 교정하는 것은 같습니다. 그러므로 모든 군자의 학은 견문에 매몰되지도 않고 견문에서 떠나지도 않으며, 장차 핵심으로 돌아가면 참으로 그것에 의지하면 생을 온전히 할 수 있으니, 하물며 성현의 저술이야 말할 나위 있겠습니까? 만약 모두 그것이 귀숙하는 데가 어떠한지 헤아리지 않고 단지 근사한 것을 가지고 병통으로 여긴다면, 존덕성은 선학과 비슷하고 도문학은 속학과 비슷할 것이니, 참으로 이해할 수 없을 것입니다. 이것은 『내경』의 이치를 가지고 치우친 처방을 내리면서, 질병을 치료하는 데 이르지 못하면서 부인이 병사하는 것을 구제하지 못하고 좌시하는 것과 무엇이 다르겠습니까? 그러므로 선생의 편지를 자세히 읽으면, 가령 여자약,[12] 장경부[13]에게 보낸 편지에서는 지리함을 깊이 병통으로 여기면서 덕성과 궁행에서는 절실하게 누차 말하지 않은 적이 없다. 말류의 폐단의 경우에는 태산이 아직 무너지지 않고 염구가 세금을 가혹하게 거두고 자하가 나중에 결국 장주가 되고 순경

載問難之詞, 其間固有當機而發, 因人而施, 如問仁問孝之類, 已有非全體具備, 本末兼擧者矣. 朱, 陸治方, 寒熱各品, 而矯厲至道全生則同. 故凡君子之學, 不溺於聞見, 不離於聞見, 而將以反約, 則鳥附豨薟, 固有藉以全生者, 而況於聖賢之載籍乎? 若皆不計其歸宿之何如, 而但以近似者病之, 則尊德性之似爲禪, 而道問學之似爲俗, 固無以爲解矣. 是何異執 『內經』之理, 以律偏勝之方, 其不至於廢醫護疾, 坐視夫人之札瘥而莫之救乎? 故細

---

12 자약(子約)은 여조검(呂祖儉, ?-1196)의 호이다. 여조검은 여조겸(呂祖謙)의 동생이다.
13 경부(敬夫)는 장식(張栻, 1133-1180)의 자이다. 장식의 호는 남헌(南軒)이다.

이 왕도를 밝히고 이사가 오형을 갖추었는데, 그것이 어찌 가르친 사람의 과오이겠는가? 그리고 군자가 가르침을 세움에 참으로 이후에 반드시 폐단이 없게 할 수 있겠는가? 단지 세상에서 찌꺼기를 끌어모아 외우고 읊으며 글로 지어 전하면서 주자를 구실로 삼는다. 그리고 공허한 담론으로 고상한 척하며 허황되게 근거없이 참되다고 주장하면서 상산을 구실로 삼는다. 그러므로 두 사람의 다툼이 여러 세대가 지나자 번잡한 말이 분분하고 승부를 추구하면서 심신에는 아무런 관련이 없으니, 학자들이 그 가운데 들어가면 아득하여 따를 곳을 알지 못하게 된다. 대개 실질적 이해를 따지지 않고 선현이 조성한 기반을 살펴보지 않으며, 선입관에 따라 익숙해지고 또한 자신에게 있는 본심의 참된 앎을 서서히 잃어버리니, 하물며 뿌리가 물드는데 맑게 하지 못하고 견식이 치우쳤는데 원만하게 하지 못하는 경우에랴! 그러므로 사람들이 외우고 전하여도 결국 진정한 것과 비슷한 것을 이해하지 못한다. 시비를 가릴 때에는 한 사람이 주창하면 백 사람이 화답하며 군중이 시끄럽게 떠드니, 이것이 도가 밝혀지지 않는 이유이다.【「주자사초서(朱子私鈔序)」】

讀先生之書, 如與呂子約, 張敬夫, 深以支離爲病, 而於其德性躬行, 未嘗不諄切而屢言之也. 若夫末流之弊, 則泰山未頹, 冉求聚斂, 子夏之後卒爲莊周, 荀卿明王道, 李斯具五刑, 彼豈教者之過? 而君子之立教也, 固能使其後之必無弊歟? 惟夫世之獵取糟粕, 記誦成言, 文之以爲博也, 則藉口於朱子; 而虛談高視, 空曠無據, 執之以爲固也, 則藉口於象山. 是以二氏之爭, 比及數世, 而煩言紛紛, 求爲勝負而於身心了無交涉, 學者入其中, 茫乎不知所以適從. 蓋不考其實得, 旣無以窺見先賢所造之底裏, 而緣習於先入, 又有以

|15-21| 천명은 유행하고 만물은 나의 짝으로 망령된 것이 없다. 하늘에서는 그치지 않는 명이 되고 사람에게는 쉬임이 없는 본체가 되니, 공문에서 말하는 인이란 것은 선생이 말하는 지(양지)이다. 정순공[14]이 죽은 뒤로는 성인의 학문이 전해지지 않아 주석에 침잠하고 명물에 마음을 두며, 외면에서 구하는 데 종사하는 것을 꿰뚫어 이해했다고 여겼으니, 일실만분,[15] 주정입극[16]의 교의가 희미하게 되었다. 무릇 천하에 마음보다 큰 것이 없고 마음은 필적할 것이 없어서, 넓고 두텁고 높고 밝음이 천지와 짝을 이루고 천지의 화육을 경영하여

---

14 순(純)은 정호(程顥, 1032-1085)의 시호이다. 정호의 자는 백순(伯淳)이고 호는 명도(明道)이다.

15 "二氣五行, 化生萬物. 五殊二實, 二本則一. 是萬爲一, 一實萬分. 萬一各正, 小大有定." (周敦頤, 『通書』)

16 "聖人定之以中正仁義而主靜立人極焉."(周敦頤, 『太極圖說』)

漫失在己本心之眞知, 而況根有染而不能淨, 見有偏而不能圓! 是以雖其人誦家傳, 而卒無得於眞似. 是非之際, 一唱百和, 羣喙眾咻, 此道之所以不明也.
【「朱子私鈔序」】

|15-21| 天命流行, 物與無妄, 在天爲不已之命, 而在人爲不息之體, 孔門之所謂仁者, 先生之所謂知也. 自程純公之歿, 而聖人之學不傳, 沉酣傳註, 留心名物, 從其求於外者, 以爲領略貫解, 而一實萬分, 主靜立極之義微矣. 夫天下莫大於

육합[17]에 이르니, 요순의 통치와 탕무의 위엄이 모두 마음의 비춤이다. 마음에 종사하는 자는 더욱 수렴할수록 더욱 부족하고, 말에 종사하는 자는 군더더기를 붙일수록 더욱 남음이 있으니, 부족한 자는 날로 더하고 남는 자는 날로 덜어 낸다. 성스러움과 우둔함, 위와 아래의 나뉘는 단서가 여기에 있다. 이는 선생이 비난을 무릅쓰고 몸을 쉬지 않고 거의 끊어진 학문의 남은 것을 다툰 이유이다. 당시 선비들 또한 마침내 자신에게 본래 있는 것을 던졌으니, 모두가 얽매인 것을 풀어 버리고 함께 선생에게서 열심히 들을 날을 따랐다. 다투어도 밝지 않으면 말이 있게 되고 말이 조금 모이면 기록하였으니, 이제 그 기록에 의거하지 않고 학문의 길을 추구하면서 다시 말에 종사하니, 이는 부득이한 것이지만 도리어 후인을 오도하고 다툼(의 소지)를 남기는가? 더욱이 선생이 옳음을 얻은 것은 또한 바뀌지 않는다. 선생은 처음에는 또한 사장과 박물에 기울었다. 이리저리 접촉하고 다방면으로 궁구하며 평상시의 것을 꾸며 낸 것이 화려함을 지어냈으니, 다시 믿을 만하지 않은 듯하다. 변고가 눈앞에 이르러 생사를 헤매며 다시 나아갈 길이 없고 주위를 둘러보아도 의지할 데가 없었으니, 이전에

心, 心無對者也, 博厚高明, 配於天地, 而彌綸參贊, 際於六合, 雖堯, 舜之治與夫湯, 武之烈, 皆心之照也. 從事於心者, 愈斂而愈不足, 從事於言者, 愈贅而愈有餘, 不足者日益, 而有餘者日損, 聖愚上下之歧端在於是. 此先生所以冒忌負謗, 不息其身而爭之於幾絶之餘, 而當時之士, 亦遂投其本有, 皆能脫羈解縶, 翕然從先生於驟聞之日也. 爭之不明而有言, 言之稍聚而爲錄, 今不據其錄, 而求其所以爲學也, 乃復事於言, 是不得已者, 反以誤後人而貽之爭耶? 且

17　육합(六合)의 상하와 사방을 가리킨다.

넉넉하던 것이 아득하게 무력해졌다. 이에 그치지 않는 본체가 자신 안에 밝게 있음을 알게 되었다. 깨달으면 진실되고 말로 하면 공허하니, 비유하자면 외로운 배가 거센 바람과 사나운 풍랑에 엎어지고 자빠지면서 돛과 노를 쓸 수 없고 닻줄도 무용하게 된 연후에 키의 강약에 존망이 달려 있음을 보게 되는 것과 같다. 가지가 다하면 뿌리가 드러나고 물이 떨어지면 돌이 솟아나므로, 비로소 강고하게 서서 돌아가지 않게 된다. 그래서 내가 일찍이 선생을 가리켜 말하기를, 백사일생의 날에 겨우 깨달은 연후에 감람을 삼키고 실제에 이르렀으니, 취하여 사용하면 자신이 본래 둘이 아니고 외물 또한 어길 수 없으며 공적과 문장이 본디 그것이 비추는 세월이었다. 선생이 얻은 것이 어찌 여기에 그치겠는가? 죽은 후에 한번 전해지자 백 가지로 잘못되고 마음이 곧 성스럽다고 믿어 허무맹랑한 논의를 지어내니, 이루 다 힐난할 수 없다. 안으로는 현묘한 견해로 달려나가고 밖으로는 그릇된 실천으로 달아난다. 선생이 말한 절실하고 가까운 곳에 힘쓴 적이 없어 선생이 가리킨 정미한 곳은 끝내 실제로 보지 못하니, 일에 적용하면 막히고 베풀면 실패한다. 대개 선생이 깨달아서 말한 것은 선생의 마음을 말한 것일 뿐인데, 이제 갑자기 선생의 말로써 구해 들어가니 구구절절이 명백하지 않아서, 마치 마음에 합당함이 없는 것과

先生之得是, 亦不易矣. 先生顧其始, 亦嘗詞章而博物矣. 展轉抵觸, 多方討究, 粧綴於平時者, 辨藝華藻, 似復可恃. 至於變故當前, 流離生死, 無復出路, 旁視莫倚, 而向之有餘者, 茫然不可得力. 於是知不息之體, 炯然在中, 悟則實, 談則虛, 譬之孤舟, 顚沛於衝風駭浪之中, 帆櫓莫施, 碇纜無容, 然後視柂力之强弱以爲存亡. 葉盡根呈, 水落石出, 而始强立不返矣. 故余嘗謂先生, 僅悟於百死一生之日, 然後能咽餘甘而臻實際, 取而用之, 己本不貳, 而物亦莫能違, 事功文詞, 固其照中之隙光也, 先生之所以得者, 豈盡

같으니 하물며 잘못이 없을 수 있겠는가? 마음이 그치지 않으면 만고가 하루 같고 마음이 그치지 않으면 만 사람이 한 사람 같다. 선생을 이것을 빌려 거의 끊어진 학문을 제창하였는데, 우리는 이로 말미암아 이미 밝혀진 것을 계승하지 못하면서 동이와 시비를 비교하는 것을 뛰어나다고 여긴다. 이것이 내가 선생이 처음에 부지런히 터득한 것에 대해 지금 걱정이 없을 수 없는 이유이다. 무릇 마음에 종사하면 명민해도 오히려 미치지 못함이 있으니 말에 종사할 겨를이 없다. 마음에 종사함이 정밀해진 연후에 잘못된 점을 알게 되면, 말함에 감히 하지 못하는 바가 있다. 말없이 이해하고 깊이 생각하여 책임을 지는 것, 이것이 나와 여러분이 오늘날 선생의 후예로서 계승할 바이다. 【「각전습록서(刻傳習錄序)」】

於是耶?　嗣後一傳百訛, 師心卽聖, 爲虛無淨蕩之論, 不可窮詰.　內以馳其玄莫之見, 而外以逃其踐履之失, 於先生所道切近之處, 未嘗加功, 則於先生所指精微之地,　終非實見, 投之事則窒, 施之用則敗.　蓋先生得而言之,　言先生之心爾, 而今襲先生之語以求入,　卽句句不爽,　猶之無當於心, 而況不能無失乎? 心不息, 則萬古如一日, 心不息, 則萬人如一人, 先生能用是倡之於幾絶, 吾人不能緣是承之於已明, 而方且較同異雌黃以爲長, 此予之所以謂先生始得之勤, 而今之不能無憂也.　夫從事於心敏而猶有不及, 則於言有所不暇; 從事於心精而後知所失, 則於言有所不敢. 默識深思, 承擔負荷, 此余與二三子今日之所承先生之後者也. 【「刻傳習錄序」】

|15-22| 내가 일찍이 여러 조화를 보니, 마음이 있으면 음이고 마음이 없으면 양이며, 그침이 있으면 음이고 그침이 없으면 양이며, 유有가 있으면 음이고 무無가 없으면 양이었다. 산과 내가 우뚝 솟고 흐르며 만물이 함께 솟아나고 봄에 피어나고 겨울에 저장하며 형색과 기관이 자득하지 않으면 얻을 수 없으니, 이는 천지가 만물을 생성한 것이 하나의 건체가 부지런히 작용한 것이 아님이 없고 한순간도 멈춤이 없이 운행한다. 하물며 원회[18]와 한서[19]에서랴? 처음에는 마음이 없다가 이어서 그침이 없고 궁극에는 무가 없으므로, 천지의 덕이 갖추어진다. 사람이 태어나면 기와 영이 합쳐져서 마음이 되고, 움직이면 사이가 있게 된다. 어려서부터 늙을 때까지, 흥성하는 때로부

|15-22| 余嘗觀諸造化矣, 有心則陰, 而無心則陽也; 有息則陰, 而無息則陽也; 有有則陰, 而無無則陽也. 山川流峙, 萬物具苗, 華春藏冬, 形色機關, 不能自得而莫不得, 此天之所以流形品物者, 莫非一乾體之健, 運而不停一瞬, 而況於元會寒暑乎? 始於無心, 繼於不息, 極於無無, 而天

---

18   원회(元會)는 우주의 운행을 가리킨다. 소옹(邵雍)은 『황극경세서(皇極經世書)』에서 우주의 운행을 '원회운세(元會運世)'로 설명했다.

19   한서(寒暑)는 사계절의 순환을 가리킨다. "寒往則暑來, 暑往則寒來, 寒暑相推而歲成焉."(『易·繫辭下』)

터 쇠락하는 때까지, 이해시비와 수작동작이 물드는 것이 무궁하다. 사이가 있는 것으로써 무궁한 데 들어가서 사욕에 침몰되고 미혹한 마음이 스며들어 움직임이 쌓이면 그치고 그 침이 쌓이면 음이 되어 재난이 무성하니, 어디서 그 부지런함을 보겠는가? 그러므로 성인의 학문은 오로지 맑고 명철한 본체로써 항상 안에서 밝게 비추지만, 앎에 어둡지 않고 뜻에서 일으키지 않으면 평정하게 만물과 다르지 않아서 감응을 막지 않는다. 안에 처하는 데서는 경계함이 있어 근심하며 엄숙하게 일삼음이 없어서 하늘과 더불어 노닐지 않은 적이 없다. 밖에서 보는 데서는 엄숙함이 있어 숙연하게 심지가 얽매이지 않아서 본체와 더불어 가지 않은 적이 없다. 이것이 이른바 쉬지 않고 애쓰는[乾乾][20] 것이 한순간도 멈춤이 없다는 것이니, 또한 어찌 낮과 밤을 묻겠는가? 그러므로 그 덕의 성취는 조화와 서로 보조하여, 머물 때에는 하늘을 대하고 부모를 모시며 하늘에 제사하고, 작용할 때에는 만물을 통섭하고 하늘을 본받아서 알 수 없는 신명에 이른다. 무릇 이와 같은 연후에 용이라 부른다. 【「수용계서(壽龍溪序)」】

地之德備矣. 人之生也, 氣合靈爲心, 動則有間, 自少至老, 自興至寢, 利害是非, 酬酢擾動, 其習無窮. 以有間入無窮, 沉私汨欲, 滅頂迷心, 積動爲息, 積息成陰, 而沴戾鹵莽之習, 烏覩其爲健乎? 故聖人之學, 獨以其澄瑩昭徹之體常照於中, 然不昏於知, 而不起於意, 泊然不貳於物, 而非捍於應. 處於中者有戒, 則惕然矣, 而矜持不事, 未嘗不與天遊也. 見於外者有嚴, 則肅然矣, 而心知不拘, 未嘗不與體適也. 此其所謂乾乾者, 曾無一息之間, 而又安問其日與

---

20 "君子終日乾乾, 夕惕若厲无咎."(『周易·乾卦』)

夕也？故其德之成就，與造化相爲參貳，居則對越上天，事親饗帝，而用則統物體天，至於不可知之神，夫然後稱龍焉.【「壽龍溪序」】

시독 양화 장원변 선생

侍讀張陽和先生元忭

|15-23| 장원변(張元忭, 1538~1588)은 자字가 자신子藎이고 별호는 양화陽和이며, 산음(山陰; 지금의 浙江省 紹興) 사람이다. 아버지는 천복天復으로, 항태복경行太僕卿이다. 어려서 주자의 『격치보전格致補傳』을 읽고 말하기를, "거꾸로 말한 것이 아니겠는가? 마땅히 마음의 전체全體와 대용大用이 밝지 않음이 없은 뒤에 사물의 표리表裏와 정조精粗가 이르지 않음이 없다고 말해야 한다."[1] 가정嘉靖 무오년戊午年에 향시에서 거인擧人이 되었다. 융경隆慶 무진년戊辰年에 부친 태복이 진滇에 잡혀갈 때 선생이 모시고 갔다. 태복이 풀려나 돌아오자 선생은 북경北京에 들어가서 억울함을 호소했다. 사태가 해

|15-23| 張元忭字子藎, 別號陽和, 越之山陰人. 父天復, 行太仆卿. 幼讀朱子『格致補傳』, 曰: "無乃倒言之乎? 當云心之全體大用無不明, 而後物之表裏精粗無不到也." 嘉靖戊午, 擧於鄕. 隆慶戊辰, 太仆就逮於滇, 先生侍之以往. 太仆釋歸, 先生入京

---

1   거꾸로 … 한다.: 『대학장구』, 전5장. "是以大學始敎, 必使學者卽凡天下之物, 莫不因其已知之理而益窮之, 以求至乎其極. 至於用力之久, 而一旦豁然貫通焉, 則衆物之表裏精粗無不到, 而吾心之全體大用無不明矣."

결되자 또 집으로 돌아가 태복을 위로하였다. 한 해 동안에 무릇 삼만여 리를 왕래하였는데, 나이가 서른이 넘었지만 흰 머리가 돋았으니, 그 지극한 성품이 이와 같았다. 신미년辛未年에 진사進士에 장원으로 급제하고 한림수찬翰林修撰을 제수받았다. 얼마 뒤에 부친상을 당했다. 만력萬曆 기묘년己卯年에 내서당內書堂의 교습教習이 되었다. 선생은 "궁중에서 천자를 좌우에 모시고 있는 사람이 현명한지 불초不肖한지에 국가의 치란治亂이 달려 있다."고 말하였다. 그리고는 『중감록中鑒錄』을 취하여 정성스럽게 그들을 가르쳤다. 강릉(江陵, 1525~1582)[2]이 병이 들자 온 조정이 초사醮事를 지내는 일로 분주했지만 선생은 문생門生임에도 일찍이 찾아간 적이 없었다. 임오년壬午年에 황태자가 탄생하자 조서詔書를 받들어 초楚에 이르렀는데 모친상을 당했다. 정해년丁亥年에 좌춘방좌유덕左春坊左諭德, 겸한림시독兼翰林侍讀으로 승진했다. 이듬해 3월에 시독으로 세상을 떠나니, 향년 51세이다.

|15-24| 선생의 학문은 용계龍溪 왕기王畿로부터 그 서론緒論을 얻었기 때문에 왕양명의 사구교법四句教法[3]을 돈독하게 믿었다. 왕기는 본체

頌冤. 事解, 又歸慰太仆於家. 一歲之中, 往來凡三萬餘裏, 年踰三十而發白種種, 其至性如此. 辛未, 登進士第一人, 授翰林修撰. 尋丁外艱. 萬曆己卯, 教習內書堂. 先生謂"寺人在天子左右, 其賢不肖爲國治亂所系". 因取『中鑒錄』諄諄誨之. 江陵病, 舉朝奔走醮事, 先生以門生未嘗往也. 壬午皇嗣誕生, 齎詔至楚, 丁內艱. 丁亥陞左春坊左諭德, 兼翰林侍讀. 明年三月卒官, 年五十一.

|15-24| 先生之學, 從龍溪得其緒論, 故篤信陽明四有教法.

2　강릉(江陵): 張居正을 가리킨다. 장거정은 江陵 사람이다.

를 말하고 공부를 말하기를 꺼렸으며, 본체를 체득하는 것이 바로 공부라고 여겼다. 그러나 선생은 그것을 믿지 않고 말하기를 "본체는 본래 말할 수 없다. 무릇 말할 수 있는 것은 모두 공부이다."라고 하였다. 일찍이 왕기가 유교와 불교를 혼합하여 하나로 만들고자 하면서, 양지良知 두 글자를 유·불·도 삼교三敎를 포괄하는 종지로 삼은 것을 도리에 어긋난다고 배척하였다. 그래서 말하기를 "나는 용계가 옳다고 하는 것을 배울 수 없다."고 하였으니, 선생은 잘 배운 사람이라고 평가할 만하다. 다만 주요 취지[主意]는 단지 선善에는 선의 기미가 있고 악惡에는 악의 기미가 있으므로 여기에서 삼가 살피는 데 있다고 하여, 양지는 선은 반드시 참으로 좋아하고 악은 반드시 참으로 싫어하며, 부정不正한 것을 바로잡아 바른 데로 돌리는 것을 격물(格物)이라고 여겼으니, 그것은 양지를 모두 발현상에 있는 것으로 인식한 것이다. 그런데 양명은 유독 양지는 미발지중未發之中이라고 말하지 않았는가?[4] 선善의 기미인지 악의 기미인지를 살피는 것은 비추는 작용[照]이지, 양지의 본체가 아니다. 주자는 『답

龍溪談本體而諱言工夫, 識得本體, 便是工夫. 先生不信, 而謂"本體本無可說, 凡可說者皆工夫也". 嘗聞龍溪欲渾儒釋而一之, 以良知二字爲範圍三敎之宗旨, 何其悖也. 故曰"吾以不可學龍溪之可". 先生可謂善學者也. 第主意只在善有善幾, 惡有惡幾, 於此而愼察之, 以爲良知善必眞好, 惡必眞惡, 格不正以歸於正爲格物, 則其認良知都向發上. 陽明獨不曰良知是未發之中乎? 察識善幾, 惡幾是照也, 非良知之本體也.

3 　왕양명의 사구교법(四句教法): 『傳習錄』, 「黃省曾錄」, 제315조. "無善無惡是心之體, 有善有惡是意之動, 知善知惡是良知, 爲善去惡是格物."

4 　양지는 … 않았는가?: 『전습록』, 「答陸原靜書(又)」, 제157조. "性無不善, 故知無不良. 良知卽是未發之中, 卽是廓然大公, 寂然不動之本體, 人人之所同具者也."

여자약答呂子約』에서 말하기를 "예전에 강론하고 사색할 때에 곧바로 마음을 이발로 여기고, 치지와 격물을 논하면서도 단예端倪를 찰식察識하는 것을 공부의 첫 착수처로 여겼으니, 이 때문에 평소에 함양하는 일단의 공부를 빠뜨리게 되었다."[5]고 하였다. 이것이 바로 선생이 양지를 말한 것이다. 그런데 주자는 죽음을 앞에 두고 『대학』「성의장誠意章」의 장구章句를 고치면서 말하기를 "마음이 발한 바를 성실하게 한다."[6]라고 하였다. 이것은 곧 선생이 격물을 말한 것이다. 선생은 왕양명의 학문을 말하면서도 결국에는 주자를 벗어나지 못했으니, 아마도 본체에 대해 끝내 밝게 알지 못한 것이 있는 듯하다.

『불이재 논학서』

| 15-25 | 움직이고 고요한 것은 때이다. 움직임도 없고 고요함도 없으며, 늘 수렴하여 펼치지 않으며, 늘 응취하여 흩어지지 않는 것은

朱子 『答呂子約』曰: "向來講論思索, 直以心爲已發, 而所論致知格物, 以察識端倪爲初下手處, 以故缺却平日涵養一段工夫." 此卽先生之言良知也. 朱子易簀, 改 「誠意章句」曰: "實其心之所發." 此卽先生之言格物也. 先生談文成之學, 而究竟不出於朱子, 恐於本體終有所未明也.

『不二齋論學書』

| 15-25 | 動 靜 者, 時也. 無動無靜, 常翕而不張, 常聚而不

---

5   예전에 … 되었다.: 『晦庵集』 권67, 「已發未發說」. "向來講論思索, 直以心爲已發, 而所論致知格物, 亦以察識端倪爲初下手處, 以故缺却平日涵養一段功夫." / 『晦庵集』 권64, 「與湖南諸公論中和第一書」. "向來講論思索, 直以心爲已發, 而日用工夫亦止以察識端倪爲最初下手處, 以故闕却平日涵養一段工夫."

6   마음이 … 한다.: 『대학장구』, 경1장, 朱熹注. "意者, 心之所發也. 實其心之所發, 欲其一於善而無自欺也."

마음이다. 대저 마음은 움직임과 고요함이 없으며, 마음을 보존하는 공부는 고요한 가운데서 얻지 않는 것이 없다. 초학의 선비는 고요한 가운데서 그 자루(把柄)을 얻지 못하고 갑자기 사사롭게 우왕좌왕 왔다 갔다 하면서 동정이 합일하는 오묘함을 망령되이 바라는데, 이것은 비유하면 키가 없는 배를 몰아 장강(長江)과 한수漢水에 띄우고 파도를 범하면서 전복되어 빠지는 지경에 이르지 않음이 드문 것과 같다. 【「장홍양(張洪陽)에게 부침」】

│15-26│ 우리 형께서는 옛사람의 언행을 모방하면 거의 사물을 잊는 경지에 이를 수 있으며, 이것을 하학下學하여 상달上達하는 것이라고 여기십니다. 그러나 저는 옛사람의 언행을 모방하여 하나하나 그에 합하기를 구하는 것은 이른바 널리 배우기는 하지만 요약함은 적고, 수고롭지만 공은 없다고 생각합니다. 어찌 내 한마음에서 모방하는 것만큼 쉽고 또 간단하겠습니까? 만사와 만물은 모두 마음에서 일어납니다. 마음은 일이 없으나 천하의 일에 관통하고, 마음은 사물이 없으나 천하의 사물을 관통하니, 이것이 일관一貫의 취지입니다. 그러므로 사물과 언행의 사이를 떠나지 아니하면서 리를 궁구하고 본성을 다하여 명에 이르니,7 하학과 상달에 두 가지 일이 없습니다. 만약 (옛사람의 언행을) 모방하는 것이 하학이고,

散者, 心也. 夫心無動靜, 而存心之功, 未有不自靜中得之者. 初學之士, 未能於靜中得其把柄, 遽欲以憧憧擾擾之私, 而妄意於動靜合一之妙, 譬之駕無柁之舟, 以浮江, 漢, 犯波濤, 其不至覆且溺者鮮矣. 【「寄張洪陽」】

│15-26│ 吾兄謂摹擬古人之言行, 庶幾可進於忘物, 以此爲下學而上達. 竊謂摹擬古人之言行, 一一而求其合, 所謂博而寡要, 勞而無功也. 曷若摹擬於吾一心之爲易且簡乎? 萬事萬物皆起於心, 心無事而貫天下之事, 心無物而貫天下之物, 此一貫之旨也. 故不離於事物言行之間, 而窮理盡性以至於命, 下學上達無

외물을 잊는 것을 상달이라고 여긴다면 이것은 하학과 상달을 둘로 나누는 것입니다.【「전문학(田文學)에게 답함」】

|15-27| 사람에게 지각이 있고, 금수에게도 지각이 있지만, 사람의 지각은 리理에서 명命을 받고 금수의 지각은 기氣에서 명을 받습니다. 지금 단지 지각을 가지고 양지를 말하면서 양지는 선과 악을 구분하지 않는다고 말한다면 장차 인성人性과 물성物性을 뒤섞어 구별을 없애지 않겠습니까? 대저 이른바 양良이란 저절로 그러한 것이요, 순수하고 지극히 선한 것입니다. 그것에 인위를 뒤섞고 사욕으로 가린다면 지知라고 말할 수는 있겠지만 그것을 양지라고 말할 수는 없을 것입니다. 양지에 선이 있고 악이 없다고 말하는 것은 가하지만, 양지에 선도 없고 악도 없다고 말하는 것은 불가합니다. 치지致知의 공부는 완전히 선악의 단서를 살피는 데 있으니, 그것이 바로 실학實學입니다. 요즘 사람들이 갖가지 망념에 대해 모두 양지라고 인식하는 것은 (양지는) 선과 악을 구분하지 않는다는 말이 그르친 것입니다.

二事也. 若以摹擬爲下學, 忘物爲上達, 是二之矣.【「答田文學」】

|15-27| 人有知覺, 禽獸亦有知覺, 人之知覺命於理, 禽獸之知覺命於氣. 今但以知覺言良知, 而曰良知不分善惡, 不將混人性物性而無別耶? 夫所謂良者, 自然而然, 純粹至善者也. 參之以人爲, 蔽之以私欲, 則可以言知, 而不得謂之良知矣. 謂良知有善無惡, 則可; 謂良知無善無惡, 則不可. 致知之功, 全在察其善惡之端, 方是實學. 今人於種種妄念, 俱認爲良知, 則不分善

---

7   리를 … 이르니: 『주역』, 「說卦傳」. "昔者聖人之作易也, 幽贊於神明而生蓍, 參天兩地而倚數, 觀變於陰陽而立卦, 發揮於剛柔而生爻, 和順於道德而理於義, 窮理盡性以至於命."

188

명유학안 권15, 강우왕문학안 5

惡之言誤之也.

|15-28| 불선不善이 있으면 알지 못한 적이 없는 것이 양지입니다. 불선임을 알아서 다시 행하지 않은 것이 치양지致良知입니다. 지행합일은 그 덕을 이루는 것이니, 그것이 안자顔子의 학문이 아니겠습니까?

|15-29| 주돈이周敦頤는 "기幾에 선악善惡이 있다."[8]고 하였습니다. 선에는 선의 기미가 있고, 악에는 악의 기미가 있습니다. 여기에서 삼가 살펴서 선이면 반드시 참으로 좋아하고 악이면 참으로 미워하는 것이 기미를 연구하는 학문입니다. 우리 형께서는 기미에 관해 논하면서 말하기를 "선악과 시비는 대대對待에 떨어지지 않으니, 의념상에서 공부하는 것을 기미가 얕은 것으로 여기는 것은 제일의第一義가 아니다."라고 하셨습니다. 그런데 나는 그렇지 않다고 생각합니다. 이른바 독獨이란 여전히 선한 생각이 처음 발동할 때에 남은 알지 못하고 자기 홀로 아는 것이니, 대대한다고 말할 수 없는 것은 아닙니다. 대대가 없다면 기미를 말할 수 없습니다. 인심人心이 바라는 것은 참으로 일에 앞서서 미리 막고, 미발에서 금하여 손을 대지 않는 공부를 하는 것입니다. 그러니

|15-28| 有不善, 未嘗不知, 良知也; 知之, 未嘗複行, 致良知也. 知行合一以成其德, 其顔子之學乎?

|15-29| 周子曰: "幾, 善惡." 善有善幾, 惡有惡幾. 於此而愼察之, 善必眞好, 惡必眞惡, 研幾之學也. 吾兄論幾, 則曰: "善惡是非, 未落對待, 而以念上用功爲幾淺, 非第一義". 竊謂未然. 所謂獨者, 還是善念初動之時, 人不及知, 而己獨知之, 非無可對待之謂也, 無對待則不可以言幾矣. 人心之欲, 固以先事預防, 禁於未發, 爲不犯手工

---

8 기(幾)에 선악(善惡)이 있다: 『通書』, 「誠幾德第三」. "幾, 善惡."

어찌 쉽게 말할 수 있겠습니까! 이 마음이 곧 천리요, 그것이 움직이지 않을 때에는 본래 인욕이 없지만, 한번 싹이 터서 움직이자마자 천리가 있고 곧 인욕이 있게 됩니다. 이것이 인심은 위태롭고 도심은 은미하다는 가르침이요,[9] 요임금과 순임금이 간곡하게 힘썼던 것입니다.

夫. 然豈易言哉! 此心卽是天理, 方其未動, 本無人欲, 纔一萌動, 則有天理便有人欲. 此危微之訓, 堯, 舜所爲惓惓也.

| 15-30 | 사람의 마음에 생각이 없는 때가 조금 있으니, 생각이 아직 싹트지 않았는데 생각이 일어나는 것을 막는다는 방防자를 붙이는 것은 곧 선善 일변을 생각하는 데 속하는 것으로, 이것이 하나의 생각입니다. '사념을 이기면 성인이 된다'[10]는 것은 단지 한 생각 사이에 달려 있으니, 유사有事와 무사無事를 구분하지 않습니다. 이 생각을 항상 간직하는 것이 바로 움직임과 고요함이 합일하는 학문이니, 아마도 천심淺深과 선후를 말할 수 없을 듯합니다.

| 15-30 | 人心少有無念之時, 方其未萌, 著一防字, 卽屬思善一邊, 是一念矣. 克念作聖, 只在一念之間, 不分有事無事. 此念常存, 正是動靜合一之學, 恐無淺深先後之可言也.

| 15-31 | 기미는 하나일 따름입니다. 성인으로부터 말하면 신화神化의 기미가 되고, 우리로부터 말하면 선악의 기미가 됩니다. 그러나 그것은 실제로 둘이 있는 것이 아닙니다. 성인이

| 15-31 | 幾一而已矣. 自聖人言, 則爲神化之幾; 自吾人言, 則爲善惡之幾,

---

9   인심은 … 가르침이요:『상서』,「大禹謨」. "人心惟危, 道心惟微, 惟精惟一, 允執厥中."
10   사념을 … 된다:『상서』,「多方」. "惟聖罔念作狂, 惟狂克念作聖."

되는 공부는 반드시 거친 것으로 말미암아 정밀함에 들어가고, 알 수 있는 것으로 말미암아 알 수 없는 것에 나아가야만 기미를 아는 학문이 다 마치게 됩니다.

| 15-32 | 의意란 마음이 발한 것입니다. 마음에는 본래 의가 없습니다. 마음이 움직인 뒤에 경건하고, 말한 뒤에 믿으니, 이 마음의 본체는 쉬는 때가 있습니다. 움직이지 않고도 공경하는 것은 마음으로 공경하는 것이요, 말하지 않고도 믿는 것은 마음으로 믿는 것입니다. 이 마음 가운데 공경하고 믿는 것이 아님이 없어야, 미발과 이발이 천리에 순수하게 됩니다.

| 15-33 | 불교에서는 마음을 마른 나무와 꺼진 재처럼 여기고 견문을 다 도외시합니다. 우리 유가도 역시 그것을 좇아서 근본으로 삼으니, 이 때문에 내 마음에 안이 있다고 여기게 되었습니다. 그러나 마음에는 내외內外가 없고, 은현隱顯이 없으며, 적감寂感이 없습니다. 보이지도 않고 들리지도 않는 것이 이 마음이요, 홀로 보고 홀로 듣는 것이 이 마음이요, 함께 보고 함께 듣는 것도 이 마음입니다. 눈이 보면 볼 수 있는데, 보는 것이 마음이 아니라고 한다면 가하겠습니까? 귀가 들으면 들을 수 있는데 듣는 것이 마음이 아니라고 한다면 가하겠

其實非有二也. 作聖之功, 則必由粗以入精, 由可知以進於不可知, 而知幾之學畢矣.

| 15-32 | 意者, 心之所發. 心本無意也, 動而後敬, 言而後信, 此心之本體, 有時而息矣. 不動而敬, 敬以心也; 不言而信, 信以心也, 此心之中, 無非敬信, 未發已發, 純乎天理矣.

| 15-33 | 釋氏以心爲槁木死灰, 而盡外聞見, 吾儒亦從而宗之, 是以吾心爲有內也. 心無內外, 無隱顯, 無寂感. 不見不聞, 此心也; 獨見獨聞, 此心也; 共見共聞, 此心也. 目之視也, 可得而見也, 謂視非心也, 可乎? 耳之聽也, 可得而聞也,

습니까? 하늘은 높고 땅은 넓으며, 그 사이에서 소리개가 날고 물고기가 뛰어오르며, 예의禮儀 삼백과 위의威儀 삼천이 무엇이 마음이 아니겠습니까? 그런데 그것이 공허한 데 치우쳤다고 말한다면 가하겠습니까? 【이상은 「풍위천(馮緯川)에게 부친 글」이다.】

|15-34| 양복소楊復所는 본체를 말하고 공부를 말하기를 꺼리면서 본체를 체득하는 것이 바로 공부라고 생각했다. 나는 본체는 본래 말할 수 없으며, 무릇 말할 수 있는 것은 모두 공부라고 생각한다. 본체를 체득하려면 바로 공부를 해야 한다. 정명도程明道가 "본체를 체득하고 성誠과 경敬으로 보존한다."[11]고 말한 것이 바로 이것이다. 【「나근계(羅近溪)에게 부침」】

|15-35| 인仁이라는 것은 개념으로 형용하기가 쉽지 않다. 그러므로 공자의 문하에서 인仁을 드물게 말하였으며,[12] 무릇 말한 것은 모두 인을 구하는 방도였을 따름이다. "인仁이란 사람이다",[13] "인仁은 사람의 마음이다."[14]라고 한

謂聽非心也, 可乎?
天之高也, 地之廣也,
鳶飛魚躍於其間, 禮
儀三百, 威儀三千,
則孰非心也? 而謂
其偏於空虛, 可乎?
【以上「寄馮緯川」】

|15-34| 楊復所談
本體, 而諱言功夫,
以爲識得本體便是
功夫. 某謂本體本
無可說, 凡可說者皆
工夫也. 識得本體,
方可用工夫. 明道
言"識得本體, 以誠
敬存之"是也. 【「寄
羅近溪」】

|15-35| 仁之爲物,
未易名狀, 故孔門罕
言仁, 凡所言者, 皆
求仁之功而已. 其曰
"仁者, 人也", "仁,

---

11 본체를 … 보존한다: 『二程遺書』, 권2상. "學者須先識仁. 仁者, 渾然與物同體. 義禮知信皆仁也. 識得此理, 以誠敬存之而已, 不須防檢, 不須窮索."
12 공자의 … 말하였으며: 『논어』, 「子罕」. "子罕言利與命與仁."
13 인(仁)이란 사람이다: 『중용장구』, 제20장. "仁者人也, 親親爲大; 義者宜也, 尊賢爲大;

것은 인체仁體를 곧바로 가리킨 것이다. 그치지 않고 낳고 낳는 것은 천지의 마음이다. 사람은 태어나면서 천지의 마음을 마음으로 삼으니, 텅 비었지만 영명하고, 적연寂然하지만 비추며, 늘 응하면서도 항상 고요하다. 사물이 있다고 말하고자 하나 하나의 사물도 용납하지 않으며, 사물이 없다고 말하고자 하나 만물이 모두 갖추어져 있다. 사물도 없고, 자아도 없으며, 고금古今도 없고, 내외內外도 없으며, 시종始終도 없다. 생生이 없다고 말하고자 하나 실제로 생하며, 생이 있다고 말하고자 하나 일찍이 생한 적이 없다. 혼연渾然하고 확연廓然하며, 응연凝然하고 형연炯然하니, 인仁의 본체가 혹 이와 같지 않을까!【「사의재(查毅齋)에게 부침」】

|15-36| 근세에 학문을 말하는 이들은 다만 양지가 본래 구족具足하고 본래 원통圓通하다는 것만 알아서 영향影響을 엿보고는 파병把柄이 손에 있다고 여기고, 다시 계신공구戒愼恐懼의 공부가 있음을 알지 못합니다. 그래서 기욕嗜欲을 천기天機로 여기고, 정식情識을 지혜로 여기며, 스스로 적연하여 움직이지 않는다고 생

人心也", 此則直指仁體矣. 生生不已者, 天地之心也. 人之生, 以天地之心爲心, 虛而靈, 寂而照, 常應而常靜, 謂其有物也, 而一物不容, 謂其無物也, 而萬物皆備. 無物, 無我, 無古今, 無內外, 無始終, 謂之無生而實生, 謂之有生而實未嘗生, 渾然廓然, 凝然炯然, 仁之體倘若是乎!【「寄査毅齋」】

|15-36| 近世談學者, 但知良知本來具足, 本來圓通, 窺見影響, 便以爲把柄在手, 而不復知有戒愼恐懼之功. 以嗜欲爲天機, 以情識爲智

親親之殺, 尊賢之等, 禮所生也."

14 　　인(仁)은 사람의 마음이다:『맹자』,「告子上」."仁, 人心也; 義, 人路也."

각하지만 망령된 움직임은 더욱 많아지고, 스스로 확연하여 자아가 없다고 여기지만 사적 자아는 더욱 견고해져서 명예와 예법에 구속됨이 없이 방종하니, 양명이 말하는 양지가 과연 이와 같겠습니까? 한 생각의 움직임이 바른지 바르지 않은지는 남은 알지 못하고 자기만이 홀로 그것을 아니, 이것이 바로 독獨이요, 이것이 바로 양지이며, 여기에서 바로잡는 것이 바로 신독愼獨이요, 곧 치양지입니다. 물物과 지知에 두 가지 체體가 없고, 격格과 치致에 두 가지 공부가 없습니다. 다만 의념의 사이에서 늘 성찰하고 극치하면 자연히 욕심이 깨끗해지고 리理가 회복될 것입니다. 보내 온 편지 글에서 법칙[則]으로 (격물의) 격格자를 풀이하면서 사물마다 일정한 법칙이 있으니, 그 법칙을 한결같이 따라서 어기지 않는 것이 격물이라고 하였습니다. 지체知體는 무궁하고 물칙物則은 한정이 있으니, 만약 그렇다면 이것은 지知는 믿기에 부족해서 외물에서 법칙을 취하는 것이요, 이것은 내 마음의 천칙天則을 버리고 또 밖에서 찾는 것이요, 이것은 장차 지知와 물物을 둘로 나누는 것이 될 것입니다. 청컨대 형의 말에 나아가 반복하자면, 지체知體가 무궁하고 물物의 체體도 역시 무궁한 것은 왜인지요? 뭇 사물의 이치는 천변만화하여 전요典要로 삼을 수 없는데, 만약 일정함이 있다고 한다면 자막子莫의 집중執中[15]이 되지 않겠습니까? 물

慧, 自以爲寂然不動, 而妄動愈多, 自以爲廓然無我, 而有我愈固, 名檢蕩然, 陽明之良知, 果若是乎? 一念之動, 其正與否, 人不及知而己獨知之, 卽此是獨, 卽此是良知, 於此格之, 卽是愼獨, 卽是致良知. 物與知無二體, 格與致無二功也. 但於意念之間, 時時省克, 自然欲淨理還. 來敎以則訓格, 謂物物皆有定則, 一循其則而不違, 是爲格物也. 知體無窮, 物則有定, 若然, 是將以知不足恃, 而取則於物矣; 是將舍吾心之天則, 又索之於外矣; 是將歧知與物而二之矣. 請就兄之言而反覆之, 知體無窮, 物之體亦無窮, 何也? 凡物之理, 千

칙物則에 일정함이 있고, 지知의 칙則에도 일정
함이 있음은 왜 인지요? 상제가 내리는 속마음
[夷]은 자연적으로 저절로 있고, 터럭만큼이라
도 어긋나지 않는데, 만약 무궁하다고 말한다
면 장차 콤파스를 버리고 원을 그리며, 자를
버리고 네모를 그리게 되지 않겠습니까?【「허
경암(許敬菴)에게」】

|15-37| 형이 일찍이 물으셨습니다. "천하를
살펴보는 데 어떤 방법을 사용해야 하는가?"
제가 대답하였습니다. "사사로움이 없어야 합
니다." 형이 말씀하셨습니다. "사사로움이 없
는 것으로 관상을 보는 방법을 다하기에는 부
족하다. 반드시 사람을 아는 데 뜻을 더해야
한다. 사람을 아는 데 방법이 있으니, 반드시
사람에게 한 사람을 추천하게 하고 연좌의 법
을 엄격하게 한 뒤에 천거를 하면 반드시 인재
를 얻을 것이고, 인재 가운데 천거되지 않는
이가 없어서 천하를 다스릴 수 있을 것이다."
제가 말하기를, "참으로 그렇습니다. 오직 '사
람을 취하는 것은 몸으로써 한다'[16]고 말하지
않았던가요? 예로부터 재주가 있는 관상과 지

變萬化, 不可爲典要,
若云有定, 不爲子莫
之執中乎？ 物則有
定, 知之則亦有定,
何也？帝降之夷, 天
然自有, 不爽毫髮,
若曰無窮, 則將舍規
而爲圓, 舍矩而爲方
乎？【「與許敬菴」】

|15-37| 兄嘗問：
"相天下當用何術？"
對曰："無私." 兄曰：
"無私不足以盡相之
道, 必加意於知人.
知人有法, 必令人擧
一人, 嚴連坐之法,
而後擧必得人, 人無
遺擧, 天下可理矣."
弟曰："固也. 獨不
曰取人以身乎？ 自
古才相, 智相, 代不
乏人, 往往徇私而
敗, 故無私而後能知

---

15 자막(子莫)의 집중(執中)：『맹자』, 「盡心上」. "楊子取爲我, 拔一毛而利天下, 不爲也.
墨子兼愛, 摩頂放踵利天下, 爲之. 子莫執中, 執中爲近之, 執中無權, 猶執一也."
16 사람을 … 한다：『중용장구』, 제20장. "故爲政在人, 取人以身, 脩身以道, 脩道以仁."

혜가 있는 관상은 인물이 없었던 때가 없으나 왕왕 사사로움을 따름으로 해서 실패하기 때문에 사사로움이 없은 뒤에야 사람을 알아볼 수 있습니다. 비유하자면 거울이 늘 비어 있고 저울대가 늘 고르면 아름다움과 추함, 가벼움과 무거움에 저절로 혹시라도 어긋남이 있을까 걱정하지 않는 것과 같습니다. 또 사람이 한 사람을 천거하는 방법은 예로부터 역시 늘 시행해 왔음에도 마침내 인재를 얻지 못함은 어째서입니까? 그 사람이 군자라면 천거하는 사람도 반드시 군자가 많을 것인데, 백수십 인을 천거할지라도 어찌 불가하겠습니까! 그 사람이 소인이라면 천거하는 사람도 소인이 많을 터인데, 어찌 한 사람을 천거할지라도 어찌 들어줄 수 있겠습니까?" 형께서는 또 일찍이 "성학의 요체는 무엇인가?"고 물으셨습니다. 제가 대답하기를 "마음에 달려 있습니다."라고 하였습니다. 그러자 형께서 말씀하시기를 "마음은 천하의 이치를 다하기에 부족하다. 반드시 마음을 보존하여 천하의 이치를 살핀 뒤에야 성인의 경지에 들어갈 수 있다."고 하셨습니다. 아우의 생각은 다음과 같습니다. "만물은 모두 나에게 갖추어져 있으니, 마음 밖에 이치가 있는 것이 아닙니다. 공자와 맹자의 학문은 다만 '마음을 바르게 한다'[17]고 하고, '마음을 보존한다'[18]고만 말하였으니, 마음이 바르면 이치가 바르지 않음이 없고, 마음이 보존

人. 辟之鑑常空, 衡常平, 妍媸輕重, 自不患其或爽. 且人舉一人之法, 自昔亦常行之, 而卒不能得人, 何也? 其人君子也, 則所舉必多君子, 雖舉百十人, 亦何不可! 其人小人也, 則所舉必多小人, 雖舉一人, 亦安可聽耶?" 兄又嘗問"聖學之要". 對曰: "在心." 兄曰: "心不足以盡天下之理, 必存心以察天下之理, 而後可以入聖." 弟曰: "萬物皆備於我, 非心外有理也. 孔, 孟之學, 但曰正心, 曰存心, 心正則理無不正, 心存則理無不存, 千古聖賢何曾於心外加得一毫."【「答呂心吾」】

되면 이치가 보존되지 않음이 없습니다. 천고의 성현이 어찌 마음 밖에 터럭 하나라도 보탠 적이 있습니까?"【「여심오(呂心吾)에게 답함」】

| 15-38 | 남을 서게 하고, 남을 통달하게 하는 것[19]은 필경 인仁이 발하여 작용하는 곳이다. 인仁에는 저절로 체體가 있으니, 희로애락喜怒哀樂과 같이 마음이 작용을 발휘하는 곳에 나아가더라도 마음에는 저절로 체가 있다. 【「맹아강(孟我疆)에게 답함」】

| 15-39 | 근래의 폐단은 한갓 양지만 말하고 (양지를 실현하는 공부인) 치致를 말하지 않으며, 한갓 깨달음만 말하고 닦음[修]을 말하지 않는 것입니다. 저만 홀로 고집하여 주장하기를 '양지를 말할 뿐만 아니라 반드시 치양지를 말해야 하며, 이치로써 돈오頓悟한다고 말할 뿐만 아니라 반드시 일로써 점수漸修한다고 말해야 한다'고 하니, 이것은 대개 시폐를 구제하려는 뜻을 말한 것입니다. 【「주해문(周海門)에게 답함」】

| 15-38 | 立人達人, 畢竟是仁發用處. 仁自有體, 就如喜怒哀樂是心之發用處, 心自有體也.【「答孟我疆」】

| 15-39 | 近時之弊, 徒言良知而不言致, 徒言悟而不言修. 僕獨持議, 不但曰良知, 而必曰致良知; 不但曰理以頓悟, 而必曰事以漸修, 蓋謂救時之意.【「答周海門」】

---

17 마음을 바르게 한다: 『대학장구』, 경1장. "古之欲明明德於天下者, 先治其國; 欲治其國者, 先齊其家; 欲齊其家者, 先脩其身; 欲脩其身者, 先正其心; 欲正其心者, 先誠其意; 欲誠其意者, 先致其知; 致知在格物."

18 마음을 보존한다: 『맹자』, 「盡心上」. "存其心, 養其性, 所以事天也."

19 『논어』, 「雍也」. "夫仁者, 己欲立而立人, 己欲達而達人."

| 15-40 | 마음 밖에 도道가 없으니, 마음을 말하면서 치우치기 쉽고 방자해지기 쉽다고 말하는 것은 곧 마음이 아니다. 도道 밖에 마음이 없으니, 도를 말하면서 마음에 근본을 두지 않는 것은 곧 도가 아니다. 대저 오직 마음과 도를 쪼개어 둘로 나누니, 이 때문에 나의 희로애락의 본연의 정성情性을 버리고 궁구하기 어려운 물리物理에서 찾으며, 나의 부모를 섬기고 형을 공경하는 본연의 지능知能을 버리고 무상無常한 사태의 변화에서 찾으니, 고찰하는 것이 부지런하면 할수록, 풀이하는 것이 철저하면 할수록 그에 감응하고 수작하는 것은 막연하여 더욱 서로 관여하지 않게 되니, 이것이 곧 학술의 허물이다. 【「모문학(毛文學)에게 보냄」】

『추유기』

| 15-41 | 나는 세상의 유자들이 입으로는 깨달음을 말하면서 그 작용처에서는 여전히 아직 깨닫지 못한 것이 아닌가 의심한다. 깨달음[悟]과 수양[修]을 두 갈래로 나눈다면 끝내 (도를) 이해하지 못하게 된다. 왕용계는 말하기를 "광자는 뜻이 크고 행동을 가리지 아니하니, 바로 마음을 곧게 하여 움직이는 데 가리거나 꾸미는 것이 없고 숨기는 것도 없으며, 때때로 허

| 15-40 | 心外無道, 言心而曰易偏, 易恣者, 卽非心也. 道外無心, 言道而不本於心者, 卽非道也. 夫惟析心與道而爲二, 是故舍我喜怒哀樂本然之情性, 而求之於難窮之物理, 舍我事親敬長本然之知能, 而索之於無常之事變, 考之愈勤, 講之愈徹, 而以之應感, 酬酢, 漠然愈不相關, 此則學術之過也. 【「與毛文學」】

『秋遊記』

| 15-41 | 竊疑世儒口口說悟, 乃其作用處, 殊是未悟者. 悟與修分兩途, 終未能解. 龍溪曰: "狂者志大而行不掩, 乃是直心而動, 無所掩飾, 無所窩藏, 時時

물이 있으면 고칠 수 있으니, 이것이 성인의 경지에 들어가는 참된 길이다. 세상 사람들은 닦고 견지함을 모두 말하지만 끝내 가려서 꾸미고 숨기려는 생각이 있으니, 이것은 성인의 학문에 들어가는 길에서 벗어남이 어찌 단지 천리일 뿐이겠는가?"라고 하였다. 정우定宇 등이찬鄧以讚[20]은 말하기를 "가리고 숨기지 않음을 귀하게 여기는 사람은 허물을 깨달으면 고칠 수 있으니, 까마득하게 돌아보지 아니하면서 옳다고 집착함을 말하는 것이 아니다."라고 하였다.

┃15-42┃ 내가 정우(定宇)에게 말했다. "어제 천지는 모두 일을 하지 않는다고 말한 것은 듣는 사람들을 놀라게 하지 않겠는가?" 정우가 웃으면서 말했다. "결국 천지도 많이 움직인 것일 뿐이다." 내가 말했다. "그대가 세상을 벗어난 학문을 참으로 여기는 것은 내가 미칠 바가 아니다. 그러나 나는 일찍이 말하기를 '이 체體는 참으로 무無이면서 실유實有이니, 하늘은 낳지 않을 수 없고, 땅은 이루지 않을 수 없다. 비유하자면 나무에 뿌리가 있고 그것이 발하여 가지와 잎이 돋고 꽃이 피고 열매가 맺게 되는 것을 저절로 그칠 수 없는 것과 같다'고 하였

有過可改, 此是入聖眞路頭.　世人總說修持, 終有掩飾窩藏意思在, 此去聖學路徑, 何啻千里?" 定宇曰: "所貴乎不掩藏者, 爲其覺而能改也,　非謂其冥然不顧,　而執之以爲是也."

┃15-42┃ 予謂定宇曰: "昨所言天地都不做, 得無駭人之聽耶?" 定宇笑曰: "畢竟天地也多動了一下." 予曰: "子眞出世之學, 非予所及也. 然嘗謂此體眞無而實有,　天不得不生, 地不得不成, 譬如木之有根, 而發爲枝葉花實, 自不容已. 天

20　정우(定宇) 등이찬(鄧以讚):『명유학안』권21 참조.

다. 천지도 역시 무슨 마음이던가? 불교에서는 대지와 산하를 환상으로 여기는데, 이것은 스스로 미혹된 자가 말한 것일 뿐이다. 참으로 스스로 깨달은 이가 본다면 일체의 환상이 모두 진여(眞如)이니, 하물며 천지이겠는가?" 정우가 말했다. "학문은 진리를 인식하는 데 달려 있으니 거짓된 것을 끊을 필요가 없다. 그대의 말이 그것을 얻었다."

『지학록』

15-43 부모가 나를 낳아 주신 시초를 생각해야 하니, 빛나고 맑은 것에 단지 이 성명性命만 있고 일체 몸 밖의 외물外物은 참으로 물 위의 거품과 같으니, 어찌 나의 본래本來를 버리고 몸 밖에서 잠시 생겼다 잠시 사라지는 물거품을 급급히 좇아서 다니겠는가!

15-44 우리 읍의 소정암蕭靜菴이 말했다. "시력에 여유가 있으면 『육경六經』을 두루 읽어서 성현의 심사心事를 엿보아야 하고, 다리의 힘에 여유가 있으면 오악五嶽을 마음껏 유람하면서 천지의 형해形骸를 보아야 한다. 그러나 저 하나의 화훼花卉를 옮겨 심어서 기이한 완상품을 하나 더 쌓는 것과 같은 짓은 비록 힘에 여유가 있더라도 하지 않을 것이다."

地亦何心哉? 佛氏以大地山河爲幻妄, 此自迷者言之耳. 苟自悟者觀之, 一切幻相皆是眞如, 而況於天地乎?" 定宇曰: "學在識眞, 不假斷妄, 子言得之矣."

『志學錄』

15-43 當思父母生我之始, 光光淨淨, 只有此性命, 一切身外物, 眞如水上漚. 奈何抛我之本來, 而汲汲營營於身外暫生暫滅之浮漚乎!

15-44 吾邑蕭靜菴曰: "目力有餘, 則當遍讀 『六經』, 以窺聖賢之心事; 足力有餘, 則當縱遊五嶽, 以觀天地之形骸. 若夫蒔一花卉, 畜一奇玩, 雖力有餘, 弗爲也."

|15-45| 벽에 만 길이나 되는 절개節槪를 세운다면 광풍제월光風霽月[21]의 흉금을 말할 수 있을 것이다.

|15-46| 수목樹木을 잘 기르는 사람이 그 가지와 잎을 베어 낸다면 그 줄기가 무성해질 것이다. 학문을 잘 하는 사람이 그 영화英華를 거두어들인다면 그 정신이 응취凝聚하게 될 것이다.

|15-47| 눈앞의 한 포기의 풀과 한 그루의 나무가 모두 생기 넘치게 자라나고, 한 마리의 날짐승과 한 마리의 새가 모두 짹짹거리며 자득하니, 몸에 가득한 것이 측은지심이다.[22]

|15-48| 화복禍福과 득상得喪은 하늘에 맡기고, 칭찬과 비방 및 주고 빼앗는 것은 사람에게 맡기고, 몸을 닦아 덕을 세우는 것으로 자기를 책망하니, 어찌 지극히 쉽고 지극히 간단하지 않겠는가!

|15-49| 안연顏淵이 '공자의 도道는 우러러볼수록 더욱 높고, 파고들수록 더욱 견고하며,

|15-45| 有壁立萬仞之節槪, 乃可以語光風霽月之襟懷.

|15-46| 善樹木者芟其枝葉, 則其本盛矣. 善爲學者斂其英華, 則其神凝矣.

|15-47| 眼前一草一木, 皆欣欣向榮, 一禽一鳥, 皆嚶嚶自得, 滿腔子是惻隱之心.

|15-48| 以禍福得喪付之天, 以贊毀予奪付之人, 以修身立德責之己, 豈不至易至簡乎!

|15-49| 顏子當仰鑽瞻忽時, 只是於本

---

21   광풍제월(光風霽月): 광풍제월은 비가 온 뒤의 맑은 바람과 밝은 달을 가리키는 것으로, 일찍이 黃庭堅이 周敦頤의 灑落한 인품을 형용하여 광풍제월과 같다고 평한 바 있다.

22   몸에 … 측은지심이다.: 『二程遺書』 권3. "滿腔子是惻隱之心."

바라보면 앞에 있는가 싶더니 홀연히 뒤에 있다.'²³고 감탄한 때에는 단지 본체상에서 상상하고 추구하여 찾은 것으로 끝내 도를 얻지 못했다. 뒤에 공자의 가르침을 얻어서 도리어 문文을 널리 배우고 예禮로써 요약하는 데서²⁴ 공부를 했다. 공부가 이미 도달한 뒤에 본체가 우뚝하여 마치 볼 만한 것이 있고서야 비로소 예전에 상상하여 추구하며 찾았던 것이 잘못이었음을 깨닫게 되었다.

┃15-50┃ 해가 길고 짧은 데에는 때가 있다. 그러나 뜻에는 운영하는 바가 있으니 만약 그것을 재촉한다면 짧아지게 되고, 일에는 매달린 것이 없는데 만약 그것을 끌어당긴다면 길어지게 되니, 마음에 일정한 때가 없음이 이와 같다. 몸이 처한 곳에 일정한 장소가 있지만, 정신이 주재하게 되면 홀연히 구천九天에 이르고 홀연히 만리萬里에 이르니, 마음에 일정한 방소方所가 없음이 이와 같다.

體上想像追尋, 終不可得. 後來得夫子之教, 却於博文約禮用工夫. 工夫既到, 而後本體卓爾, 如有可見, 始悟向者想像追尋之爲非也.

┃15-50┃ 日之長短有時矣, 然意有所營, 若促之而短; 事無所繫, 若引之而長, 心之無時如此. 身之所處有方矣, 然神之所主, 忽而九天, 忽而萬里, 心之無方如此.

---

23 공자의 … 뒤에 있다:『논어』,「子罕」. "顏淵喟然歎曰: '仰之彌高, 鑽之彌堅; 瞻之在前, 忽焉在後. 夫子循循然善誘人, 博我以文, 約我以禮, 欲罷不能, 既竭吾才, 如有所立卓爾. 雖欲從之, 末由也已.'"

24 문(文)을 … 요약하는 데서:『논어』,「雍也」. "君子博學於文, 約之以禮, 亦可以弗畔矣夫!"

교유 금산 호한 선생

教諭胡今山先生瀚

|15-51| 호한胡瀚은 자字가 천보川甫이고 호는 금산今山이며, 여요余姚 사람이다. 지호탁支湖鐸의 조카이다. 어려서부터 가학을 이어받아 움직일 때마다 반드시 예에 맞게 하였다. 18세가 되자 양명 선생을 따라 수학하였다. 논의가 치양지의 학문에 미치자 종일 반복하다가 벌떡 일어나 "선생의 가르침이 나의 몽매함을 깨뜨려 주셨다."라고 하였다. 양명이 『전습록傳習錄』과 『박약설博約說』을 전수하였는데, 날마다 집에 돌아와 사색하여, 더욱 자신을 돌아봄이 있었다.

지호탁支湖鐸이 불러서 "조카는 학문을 아는가? 학문은 마음에 있다. 마음은 속이지 않는 것을 핵심으로 삼는다."라고 하자 호한은 잘 알겠습니다라고 대답하였다. 이때 날마다 마음을 찾는 것에 힘써 "마음은 내외, 동정, 적감(寂感, 고요함과 감촉함)의 차이가 없이 모두 마음

|15-51| 胡瀚字川甫, 號今山, 余姚人. 支湖鐸從子也. 自幼承家學, 動必以禮. 年十八, 從陽明先生遊, 論及致良知之學, 反覆終日, 則躍然起曰: "先生之教, 劈破愚蒙矣." 陽明授以『傳習錄』, 『博約說』, 日歸而思之, 益有省.

支湖召而語之曰: "孺子知學乎? 學在心, 心以不欺爲主." 瀚唯唯. 於是日從事於求心, 悟"心無內外, 無動靜, 無寂

이고 모두 본성이요, 내외와 동정 그리고 적감 사이에 전일하지 않은 것은 모두 마음이 보존되지 않았기 때문이다."라고 깨달았다. 「심잠도心箴圖」를 지어서 스스로 자신에게 과업을 부과하였다. 양명에게 나아가 질의하자 양명이 면전에서 진보시켰다. 선생은 더욱 자신감을 얻어 말을 바르게 하고 행실을 돈독하게 하였고, 법도를 지킴이 간이하면서도 주밀하였다.

양명이 별세하자 여러 제자들이 분분하게 서로 양지의 학문을 강론하였다. 그 가운데 가장 성행한 사람들은 산음山陰의 왕여중(王汝中, 王畿), 태주泰州의 왕여지(王汝止, 王艮), 안복安福의 유군량(劉君亮, 劉邦采), 영풍永豐의 섭문울(聶文蔚, 聶豹) 등 네 사람이 각각 변설을 가지고 있어 어느새 문호를 이루었다. 그러나 전국적으로 주장하는 이들이 떼를 지어 일어났다. 선생은 말하였다. "세상 사람들이 지리한 공부 방식에 골몰한 뒤에 돌아가신 스승(양명)께서 치양지(致良知, 양지를 남김없이 발휘함) 세 자를 표방하여 성현의 진수를 지적해 냈으니 참으로 정통을 얻었다는 것이다. 우리 당에서 지혜가 많은 이는 증오(證悟, 깨달음)를 논하고, 식견이 깊은 이는 귀적(歸寂, 본래의 고요함으로 돌아감)을 궁구하고, 사리에 통달한 이는 고광(高曠, 고상함)을 즐기고, 정밀한 이는 주재유행(主宰流行, 주재하고 유행함)을 궁구하는데, 모두 치양지설의 한 부분을 얻은 것이다. 게다가 주재는 곧

感, 皆心也, 卽性也. 其有內外動靜, 寂感之不一也, 皆心之不存焉故也." 作 「心箴圖」以自課. 就質於陽明, 陽明面進之. 先生益自信, 危言篤行, 繩簡甚密.

陽明歿, 諸弟子紛紛互講良知之學, 其最盛者山陰王汝中, 泰州王汝止, 安福劉君亮, 永豐聶文蔚, 四家各有疏說, 駸駸立爲門戶, 於是海內議者蝟起. 先生曰: "先師標致良知三字, 於支離汨沒之後, 指點聖眞, 眞所謂滴骨血也. 吾黨慧者論證悟, 深者研歸寂, 達者樂高曠, 精者窮主宰流行, 俱得其說之一偏. 且夫主宰旣流行之主宰, 流行卽主宰之流行, 君亮之分別太支. 汝

천리가 유행하는 것을 주재하는 것이고 유행은 주재함이 유행하는 것이다. 군량君亮이 주재와 유행을 구별한 것은 너무 지리하다. 여중汝中은 마음의 본체가 선함도 없고 악함도 없음을 깨달았는데, 만일 마음에 선함이 없다면 양지는 어떻게 어질 수 있겠는가? 그러므로 선함이 없다고 말하는 것은 지극히 선하다고 말하는 것보다 못하다. 「천천증도天泉證道」는 그 설에 견강부회가 없지 않다. 여지汝止는 자연自然을 종지로 삼았고, 계명덕(季明德, 季本)은 또한 용척龍惕[1]으로 교정하였다. 용척은 자연을 이루는 방법이다. 용척하면서 자연에 협흡하지 않으면 마음을 구속하는 것이 된다. 반대로 자연이 용척에 기반하지 않으면 제멋대로 하는 것이 된다. 양지는 본래 고요함과 감응함의 분별이 없다. 감응하는 가운데 고요하고 고요한 가운데 감응하는 것이어서 둘을 분별하면 안 된다. 문울文蔚은 '양지는 본래 고요하며 외물에 감응한 뒤에 지각함이 있다. 반드시 고요한 곳에서 구하여 고요함이 항상 정립되어 있으면 감응할 때 외물과 통하지 않음이 없다'라고

中無善無惡之悟, 心若無善, 知安得良? 故言無善, 不如至善, 「天泉證道」其說不無附會. 汝止以自然爲宗, 季明德又矯之以龍惕. 龍惕所以爲自然也, 龍惕而不恰於自然, 則爲拘束; 自然而不本於龍惕, 則爲放曠. 良知本無寂感, 卽感卽寂, 卽寂卽感, 不可分別. 文蔚曰: '良知本寂, 感於物而後有知, 必自其寂者求之, 使寂而常定, 則感無不通.' 似又偏向無處立脚矣."

---

1   용척(龍惕): 관련 내용은 권13 「知府季彭山先生本」에 나온다. 季本은 「龍惕」을 지어 王畿가 自然을 종지로 내세운 것을 비판하였다. '龍惕'은 『周易』 「乾卦」의 "君子終日乾乾, 夕惕若厲, 無咎"에서 취한 말로 항상 경계하고 노력함을 의미한다. 왕기가 마음을 거울에 비유하여 사의를 개입시키지 않고 응대하는 '저절로 그러함(自然)'을 중시하자, 季本은 건괘의 물상인 龍에 비유하여 항상 경계하고 노력하는 것이 필요하다고 비판하였다.

하였다. 이 말은 고요함에 치우쳐 입각할 곳이
없는 듯하다."

송유宋儒의 학문은 분별을 숭상하였기 때문
에 주소註疏를 내는 것에 힘을 기울였다. 명유
明儒의 학문은 분별하지 않고 혼연하게 성취하
는 것을 숭상하였기 때문에 종지를 세웠다. 그
러나 명유는 훈고를 지리하다고 싫어하여 반
드시 종지를 표방하여 목표로 삼았으니 그 폐
단이 훈고보다 적지 않다. 도는 천하의 보편적
인 도이고 학문은 천하의 보편적인 학문이다.
어찌 받으시 종지를 표방해야 하겠는가? 선생
의 학문은 구심(求心, 마음을 찾아 회복하는 것)을
종지로 삼았다. 선생이 주해한 「심잠도心箴圖」
는 다섯 부분으로 열거되어 있다. 심도心圖는
본체를 가리키고, 존存, 사死, 출입出入, 방심放心
으로 되어 있다. 각 부분마다 잠箴을 달았고 공
부는 존심存心을 위주로 삼았다.

만년에 공부가 더욱 깊어져 명대의 유자를
거론할 때마다 "문청(文清, 薛瑄)의 행실은 순수
하여 사표가 된다. 우뚝 확립되어 있음을 보
고,[2] 도가 일관되어 있음을 알고[3] 응답한 것에

宋儒學尙分別, 故
勤註疏; 明儒學尙渾
成, 故立宗旨. 然明
儒厭訓詁支離, 而必
標宗旨以爲的, 其弊
不減於訓詁. 道也
者, 天下之公道, 學
也者, 天下之公學
也, 何必列標宗旨
哉? 先生之學, 則以
求心爲宗, 所註「心
箴圖」, 列而爲五:
曰心圖, 指本體也;
曰存, 曰死, 曰出入,
曰放心. 各有箴, 而
功以存心爲主.

晚年造詣益深, 每
提本朝儒者曰: "文
清之行, 粹然師表,
求其卓然之見, 一貫

---

2 우뚝 확립되어 있음을 보고: 관련 내용은 『논어』 「子罕」에 나온다. 안연이 공자의 가
   르침을 따라 노력하면서 어느새 자신에게 공부가 확립되어 있음을 알았다는 뜻이다.
   "顔淵喟然歎曰: '仰之彌高, 鑽之彌堅. 瞻之在前, 忽焉在後. 夫子循循然善誘人, 博我以
   文, 約我以禮, 欲罷不能. 旣竭吾才, 如有所立卓爾, 雖欲從之, 末由也已.'"

비하면, 안연과 증자보다 한 계단 차이인 듯하다. 문성(文成, 王守仁)은 학문이 거의 상달하여 움직임에 자연히 법도를 넘지 않았고 사람들을 자상하게 잘 이끌어 가르쳤지만, 공씨의 가법은 아니었다. 백사(白沙, 陳獻章)는 증점曾點의 기상이 상당히 있었지만 행실이 다소 고원함을 추구하는 쪽으로 기울었다. 경재(敬齋, 胡居仁)는 신중하고 치밀하여 자하子夏의 모습을 지녔지만, 학문이 크게 발양하는 수준에는 이르지 못하였다. 맹자는 공자의 학문을 배우고자 하였지만, 안연과 민자건에 자신을 비하면 오히려 '일단 놔두라'고 사양하였다.[4] 나도 네 선생에 대하여 나를 비할 때 또한 그렇게 말하겠다."

은공恩貢[5]으로 화정훈도華亭訓導에 부임하였고, 숭명교유崇明教諭로 승진하였다. 퇴직한 뒤 귀향하여 30년을 지냈는데 금산今山에 집을 짓고 살았다. 저서에 『금산집今山集』 100권이 있다.

之唯, 似隔曾, 顏一級. 文成明睿, 學幾上達, 若夫動不踰矩, 循循善誘, 猶非孔氏之家法. 白沙煞有曾點之趣, 而行徑稍涉於孤高. 敬齋愼密, 似有子夏規模, 而道業未臻於光大. 孟子願學孔子, 而於顏, 閔猶曰'姑舍', 吾於四先生亦云."

以恩貢, 就華亭訓導, 陞崇明教諭. 歸家三十年, 築室今山. 著有『今山集』一百卷.

---

3 도가 일관되어 있음을 알고: 관련 내용은 『논어』「里仁」에 나온다. 曾參이 공자의 도가 忠과 恕로 관통해 있음을 알았던 것을 말한다. "子曰: '參乎! 吾道一以貫之.' 曾子曰: '唯.' 子出, 門人問曰: '何謂也?' 曾子曰: '夫子之道, 忠恕而已矣.'"

4 맹자는 공자의 … 놔두라'고 사양하였다: 관련 내용은 『맹자』「公孫丑上」에 나온다. 제자 공손추가 맹자에게 子夏, 子游, 子張, 冉雍, 閔子騫, 顏淵 등 공자의 제자 가운데 누구에 비할 것인지 질문하였을 때 맹자가 대답한 것으로, 맹자는 자신을 이들에게 비유하는 것에 대하여 겸양하여 사양한 것이다.

5 은공(恩貢): 정기적으로 선발하는 것 이외에 경축할 일이 있을 추가로 선발하는 것을 말한다.

인명 · 개념어 · 서명/편명 색인

인명 색인	
감천湛若水　65	만표萬表　143
경정리耿定理　119	문울文蔚　205
경정향耿定向　120	문청文淸　206
경초공耿楚倥　119	
계명덕季明德　205	**백**사白沙　147, 207
계본季本　13, 205	범원장范元長　86
고응상顧應祥　96	
구심求心　206	**사**탁謝鐸　43
구양남야歐陽德　156	상산　162
구양덕歐陽德　153	서산緖山　145, 150
군량君亮　205	서용검徐用檢　118
귀적歸寂　204	석서席書　42
	설선薛瑄　206
나근계羅近溪　120	섭문울聶文蔚　204
남야南野　153	섭표聶豹　204
	소정암蕭靜菴　200
담약수湛若水　44	숙겸　111
당순지唐順之　146	시법蓍法　19
동곡董穀　77	심재心齋　153
동곽東廓　153	
동운董澐　75	**양**명　44
	양복소楊複所　192
라홍선羅洪先　145, 152	여지汝止　205
류방채劉邦采　204	염암念菴　145, 152
	오강재　137
만록원萬鹿園　103	오여필吳與弼　137
	왕간王艮　153, 204
	왕기王畿　145, 184, 204

왕문원王文轅 14

왕빈王蘋 84

왕사여 14

왕양명 15

왕여중王汝中 204

왕여지王汝止 204

왕종목王宗沐 155

용계龍溪 16, 145, 146, 184

유군량劉君亮 204

유병헌 151

육수성陸樹聲 148

육징陸澄 92

인仁 192

임자인 107

장양화 19

장원변張元忭 183

장원충張元冲 110

전덕홍錢德洪 145, 150

전서산 119

정문덕程文德 113

정우定宇 등이찬鄧以讚 199

정태지程泰之 47

정학서원正學書院 111

조정길趙貞吉 148

주돈이周敦頤 189

주자 88

지호탁支湖鐸 203

진구덕陳九德 113

진장방陳長方 85

진헌장陳獻章 147, 207

척현戚賢 148

천대天臺 120

추동곽 14, 16

추로수 126

추수익鄒守益 153

풍산楓山 114

형천荊川 146

호수부胡秀夫 90

호씨胡安國 65

호한胡瀚 203

황관黃綰 33, 42

황종명黃宗明 100

개념어 색인

간簡 27

간이하고 초탈함[易簡超脫] 151

간지艮止 54

거울 27

격물格物 103, 149, 156, 185

경敬 27, 38

계신공구戒愼恐懼 151, 193

극기 149

기미 190

기질 88

마음 191

명命 22

미발의 중 87

미발이발 162

본성의 회복[復性] 126

불교 170

사구교법四句敎法 184

상달 187

선천 49, 52

성性 22

성학性學 89

신독愼獨 31, 87, 194

양의 주재 20

양지 98, 185, 188

양지양능 34

역행力行 34

용 27

음의 포함 20

의意 191

의義 38

전제銓蹄 109

존양存養 31, 82

주재主宰 15

지행합일 34, 98

치양지致良知 194, 204

치지致知 34

평소의 함양 108

하학 187

허원虛圓 135

후천 49

서명/편명 색인

공맹도보孔孟圖譜 17

광록수지光祿須知 101

구심록 79

금강경 121

금산집今山集 207

나근계羅近溪에게 부침 192

난유록어 128

녹원어요 148

답여자약答呂子約 185

대성악大成樂 90

독례의도讀禮疑圖 17

만록원에게與萬鹿園 103, 105

맹아강孟我疆에게 답함 197

명륜대전明倫大典 43, 92, 101

모문학毛文學에게 보냄 198

묘제고의廟制考義 17

문원기문록汶源紀聞錄 109

벽리의존 82

사서사존四書私存 17

사의재査毅齋에게 부침 193

상산수언서象山粹言序 172

상산집서象山集序 169

서경원고 53

설리회편說理會編 15, 17

수시력촬요授時曆撮要 97

수용계서壽龍溪序 181

시경원고 56
시법별전著法別傳 18
시설해이詩說解頤 17, 18
식여록識餘錄 48
심잠도心箴圖 204, 206

악률찬요樂律纂要 18
여강소봉與江少峰 162
여구로강與裘魯江 158
여섭쌍강與聶雙江 167
여심오呂心吾에게 답함 197
여이견라與李見羅 165
여진명수與陳明水 161
역경원고易經原古 49, 53
역학사동易學四同 17, 18
예경원고 67
예기 70
용척龍惕 16
우성편 121
원고原古 45
율려별서律呂別書 18
의례경전통해儀禮經傳通解 72
일성록 78

임자인에게 답함答林子仁 107

장홍양張洪陽에게 부침 187
전습록傳習錄 93
전습록의傳習錄疑 97
주자사초서朱子私鈔序 175
주해문周海門에게 답함 197
중감록中鑒錄 184
증왕사관서贈王師觀序 109
지학록 200
진택어록震澤語錄 84, 86

천천증도天泉證道 205
춘추사고春秋私考 17, 18
춘추원고 60
측연해경測淵海鏡 97
치지의략致知議略 98

풍위천馮緯川에게 부친 글 192

허경암許敬菴에게 보냄 195
호시산술弧矢算術 97

저자

황종희(黃宗羲, 1610-1695)

중국 명말청초(明末淸初)의 학자이다. 자는 태충(太沖), 호는 남뢰(南雷) 또는 이주(梨洲)이며, 절강성(浙江省) 여요(餘姚) 사람으로 동림파(東林派) 관료였던 황존소(黃尊素)의 아들이다. 청년 시절 동림의 후예이자 복사(復社)의 명사로서 활약하며 정치 운동에도 참가하였고, 청(淸) 나라 군대가 남하하자 의용군을 조직하여 저항하였다. 명조(明朝) 회복의 희망이 사라진 뒤에 는 학문과 저술에 전념하며 청조(淸朝)의 부름을 거절하고 명(明)의 유로(遺老)로서 일생을 마 쳤다.

스승인 유종주(劉宗周)를 통해 양명학(陽明學)의 온건한 측면을 계승하고 관념적인 심학(心學) 의 횡류(橫流)를 비판하였으며, 경세(經世)를 위한 경학(經學)과 사학(史學)을 제창하여 청대 고증학의 형성에 기여하였다. 저술로는 『명이대방록(明夷待訪錄)』, 『명유학안(明儒學案)』, 『역 학상수론(易學象數論)』 등 다수가 있다.

역주자

강중기(姜重奇)

서울대학교 철학과를 졸업하고 같은 대학교에서 박사학위를 받았다. 현재 인하대학교 강사로 재 직하고 있으며, 중국과 한국의 근대 유학에 관심을 갖고 연구를 진행하고 있다. 논문으로 「19세 기 중국에서 문명 개념의 곤경」(2018), 「근대 이행기 중국의 유교 연구―장즈둥과 량수밍을 중 심으로」(2018), 「근대 중국에서 미신의 비판과 옹호―량치차오와 루쉰을 중심으로」(2012), 「현 대 중국의 유교 논쟁」(2011), 「양수명의 유학관―양명학을 통한 선진유학의 재해석」(2010) 등이 있다. 저서로는 『근현대한국총서 1~7』(공저, 2019), 『동양고전 속의 삶과 죽음』(공저, 2018), 『중 국문명의 다원성과 보편성』(공저, 2014), 『마음과 철학―유학편』(공저, 2013) 등이 있고, 번역서 로는 『중국문화요의』(2020), 『음빙실자유서』(공역, 2017), 『관념사란 무엇인가(Ⅰ・Ⅱ)』(공역, 2010), 『천연론』(공역, 2008) 등이 있다.

명유학안 역주

An Annotated Translation of
"Records of the Ming Scholars"